Karin Heiermann

Von der Founders Plaza

(Dallas, Texas)

zu den Fountains of Bellagio

(Las Vegas, Nevada)

Karin Heiermann

Von der Founders Plaza

(Dallas, Texas)

zu den Fountains of Bellagio

(Las Vegas, Nevada)

- 4.000 Kilometer durch den Südwesten der USA -

Ein Reisetagebuch

mit nützlichen Tipps für USA-Reisen im Anhang

Bibliografische Information der Deutschen Nationalbibliothek:
Die Deutsche Nationalbibliothek verzeichnet diese Publikation in der
Deutschen Nationalbibliografie; detaillierte bibliografische Daten sind
im Internet über http://dnb.dnb.de abrufbar.

Herstellung und Verlag: BoD – Books on Demand, Norderstedt

ISBN: 978-3-7597-2158-7

Danksagung

Herzlichen Dank an meine beiden Reisebegleiter, ohne die es nur halb so schön gewesen wäre, diese Reise zu machen. Nur für uns gemeinsam konnte diese Reise zu dem werden, was sie geworden ist. Wieder einmal würde es ohne euch dieses Buch nicht geben.

Ein weiterer Dank geht an die Erfinder der Standortbestimmung im Mobiltelefon, an alle Autoren von Nachschlagewerken, alle Hersteller von Straßenkarten und Stadtplänen sowie alle Verfasser und Herausgeber von Info-Flyern über die von uns besuchten Orte und Sehenswürdigkeiten. Das genaue Erinnern und das Schreiben des Buches haben sie mir definitiv erleichtert.

INHALTSVERZEICHNIS

VORWORT

Wer meine bisherigen vier Bücher gelesen und sich nun auch für den Erwerb dieses Buches entschieden hat (herzlichen Dank dafür!), weiß, dass ich bereits mit dem letzten Buch „Von der Freiheitsglocke zum Freiheitspfad" in 2021 von der ursprünglich geplanten chronologischen Reihenfolge abgewichen bin.

Auch mit diesem Buch durchbreche ich die ursprüngliche Chronologie und schildere darin die jüngste Tour, die wir im Oktober 2022 unternommen haben. Sie ist noch sehr frisch in Erinnerung und die Informationen für die Leser sind aktuell.

Somit hoffe ich, den einen oder anderen aus dem geschätzten Leserkreis vielleicht dazu zu verleiten, es nachzumachen. Ich kann sagen, es lohnt sich.

Für alle Interessierten sei erwähnt, dass wir auch diese Reise wieder komplett selbst zusammengestellt und gebucht haben, ohne Inanspruchnahme eines Reisebüros, einzig mit Unterstützung von Buchungsplattformen - und einigem Aufwand, Preise genau zu vergleichen. Aber das war es wert.

Lassen Sie uns nun starten, kommen Sie mit nach Dallas, Houston, San Antonio, Albuquerque und Las Vegas, um nur einige Stationen der Reise zu nennen.

Wer genau wissen will, wo wir waren und was wir dort erlebt haben, sollte einfach weiterlesen.

Am Ende des Buches befindet sich zudem ein Anhang mit (hoffentlich) nützlichen allgemeinen Tipps für einen Urlaub in den USA.

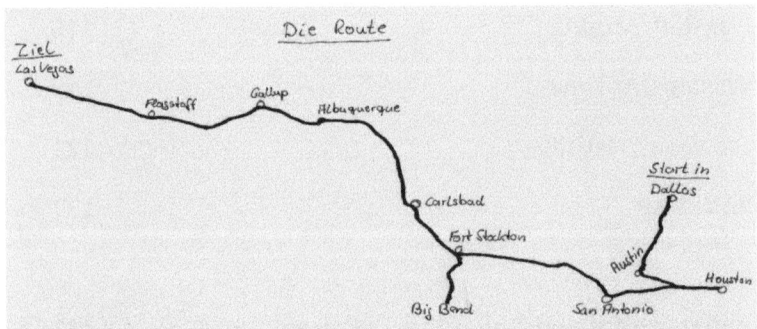

Unsere Route

1. Tag: Freitag, 30. September 2022:

Schon die Anreise mit dem Auto nach Frankfurt ist etwas holprig. Angewiesen auf die Schulferienzeit buchten wir unsere Reise in den Südwesten der USA mit Abflug ab Frankfurt/Main am 01.10.2022, Rückflugtermin 14.10.2022. Der Hinflug nach Dallas startet vormittags um 10:10 Uhr. Da zu befürchten ist, dass es am Check-in sowie bei der Sicherheitskontrolle lange Wartezeiten geben könnte, haben wir uns für „Sleep, Park and Fly" in einem Frankfurter Hotel entschieden. Das ist für einen günstigen Tarif in zahlreichen Frankfurter Hotels möglich. Man schläft dort eine Nacht, parkt für die gesamte Reisezeit sein Auto und wird mit dem Shuttle zum Flughafen gebracht und nach der Rückkehr auch wieder abgeholt. So haben wir es schon einige Male zuvor gemacht und waren stets zufrieden, konnten wir doch recht entspannt unsere Urlaubsreise antreten.

So machen wir uns, diesmal in der Kombination „2 Frauen im reiferen Alter und ein Teenager", leider erst am späteren Nachmittag, mit dem Auto auf den Weg von Dortmund nach Frankfurt. Da uns nicht nur der Feierabend- und Ferienreiseverkehr aufhält, sondern auch die „Brü-Lü-Lü" (Brückenlücke Lüdenscheid), die Unterbrechung der A45 bei Lüdenscheid, dafür sorgt, dass wir einen erheblichen Umweg über Köln fahren müssen, kommen wir erst ziemlich spät am Frankfurter Flughafen an, um den Late-Night-Check-in zu nutzen und unser Gepäck für den Flug aufzugeben. Doch es klappt dank der Unterstützung einer sehr netten Lufthansa-Mitarbeiterin. Schnell sind wir selbst eingecheckt und das Gepäck verschwindet auf dem Rollband aus unserem Blick.

Entspannt geht es auf das letzte Stück der Fahrt zum Hotel, das zu einer renommierten Kette gehört und bei der reibungslosen Buchung via Internet einen guten Eindruck gemacht hat. Wir konnten bei der Buchung auch bereits die gewünschten Shuttle-Zeiten angeben. Den kompletten Preis für das hier von uns gebuchte Arrangement hatten wir bereits im Vorfeld gezahlt.

Nach einer kurzen Unterbrechung für ein schnelles Abendessen (zur Eingewöhnung für den Aufenthalt in den USA in einem

Fastfood-Restaurant) treffen wir schließlich gegen 21:30 Uhr in dem Hotel ein. Allerdings findet sich im zugehörigen Parkhaus kein freier Platz, so lassen wir unseren Wagen zunächst am Straßenrand stehen. Wir checken ein und fragen nach einem Parkplatz für unser Auto. Man weist uns an, diesen auf dem Parkplatz vor dem Hotel abzustellen, ein Mitarbeiter würde ihn dann umsetzen, sobald im Parkhaus ein Platz frei wäre. Das ist zwar nicht optimal, doch wir stimmen zu. Dann fragen wir die nette Dame an der Rezeption, ob der von uns angegebene Shuttle-Termin am nächsten Morgen entsprechend vermerkt sei. Sie nimmt die Buchungsliste und erklärt höflich lächelnd, dass wir dort nicht aufgeführt seien und für die von uns gewählte Uhrzeit der Shuttle bereits voll gebucht sei. Man würde aber für uns ein Taxi bestellen, das dann unseren Transport übernähme. Das ist uns natürlich auch recht, genau so lange, bis wir dann von ihr erfahren, dass wir das Taxi selbst zahlen müssten. Es ergibt sich ein Disput, an dessen Ende wir uns jedoch geschlagen geben müssen. Das sei so, da könne sie nichts machen. Warum wir nicht auf der Liste stünden, wisse sie nicht.

Da wir nach dem anstrengenden langen Tag entsprechend müde sind, akzeptieren wir mit ziemlicher Wut im Bauch und beschließen, die Sachlage nach unserer Reise mit der zuständigen Geschäftsleitung zu klären. Ich darf hier vorwegnehmen, dass wir auch nach Rückkehr aus dem USA-Urlaub für die Rückfahrt zu diesem Hotel keinen Shuttle bekommen und erneut auf eigene Kosten mit einem Taxi fahren müssen. Unsere späteren intensiven Bemühungen, hierfür die Kosten vom Hotel erstattet zu bekommen, schlugen fehl.

Aus diesem Grund weigere ich mich, hier den Namen dieses Hotels zu nennen, denn Werbung kann man für diese Unterkunft unter diesen Umständen wahrlich nicht machen.

2. Tag: Samstag, 01. Oktober 2022

Nach einer recht kurzen Nacht steht das Taxi pünktlich vor der Hoteltür und bringt uns zum Abflugterminal des Frankfurter Flughafens. Wir haben die drei Stunden Karenzzeit bis zum Abflug eingerechnet und sind bereits kurz nach 7 Uhr früh im Gebäude. Doch überraschenderweise ist es bei der Sicherheitskontrolle derart leer, dass wir diese sehr zügig hinter uns bringen und unerwartet viel Zeit bis zum Abflug nach Dallas/Texas haben. So genießen wir zunächst ein entspanntes Frühstück und bummeln anschließend durch die verschiedenen Geschäfte, bis es schließlich Zeit wird, zum Gate zu gehen. Der Einstieg verläuft reibungslos und auch der Start des Fliegers LH 438 erfolgt pünktlich um 10:10 Uhr.

So beginnt unsere Reise.

Dallas/Texas liegt bei der Landung um 14:15 Uhr in strahlendem Sonnenschein. Die leichte Bekleidung der zahlreichen, auf dem Vorfeld tätigen Flughafenmitarbeiter, die wir aus dem Bordfenster sehen können, lässt darauf schließen, dass auch die Temperaturen, anders als im schon leicht herbstlichen Deutschland, sehr angenehm sind.

Doch wir müssen noch eine ganze Weile darauf warten, die ersten Atemzüge in der warmen Außenluft von Texas zu machen. Nach dem Ausstieg geht es zunächst über lange Gänge und Rolltreppen zur „Immigration Control".

Eigentlich sind wir auf eine zügige Abwicklung eingestellt, doch als wir den riesigen Raum mit den ungefähr zwanzig Kontrollstellen betreten, werden wir eines besseren belehrt. Die Halle ist brechend voll, hunderte Menschen stehen in sich windenden Schlangen vor den Schaltern. Der Flughafen Dallas dient auch als Drehkreuz für Flüge nach Mittel- und Südamerika und alle ankommenden Passagiere müssen die Kontrolle durchlaufen. Da zudem nicht alle Kontrollstellen besetzt sind, dauert es gut 30 Minuten, bis wir endlich an der Reihe sind. Ich lege der netten Dame meinen Pass vor, wir plaudern entspannt über die Reise und dass ich nicht zum ersten Mal in den USA bin. Dann bittet sie mich um die obligatorischen Fingerabdrücke - und wieder einmal funktioniert es nicht. Obwohl ich mir die Finger zuvor noch leicht eingefettet hatte, ist die Haut wohl zu trocken, so dass der Scanner die Abdrücke nicht erfassen kann. Doch die Dame kennt offensichtlich ihre Pappenheimer. Sie reicht mir eine Tube Creme und putzt zudem noch die Oberfläche des Scanners. Augenzwinkernd meint sie, dass wohl schon zu viele Leute an diesem Tag ihre Abdrücke hinterlassen hätten, doch weder sie noch ihre Kollegen der Frühschicht daran gedacht hätten, die Scanfläche zwischendurch mal sauber zu machen. Siehe da, es klappt. Ich darf einreisen, jedoch nicht, ohne zuvor mit herzlichen Worten von der Dame verabschiedet zu werden.

Gemeinsam begeben wir uns zum Gepäckband, wo unterdessen unsere Koffer wohl schon einige Runden gedreht haben. Wir heben die Koffer vom Band, passieren unbehelligt die Zollkontrolle und verlassen zügig das Terminal. Es ist tatsächlich so warm wie vermutet, so entledigen wir uns erst einmal unserer Jacken. Wir begeben uns zum Abfahrtpunkt des Mietwagen-Shuttles und hier finde ich auch, was ich sehnlichst gesucht habe: Einen Platz zum Rauchen! Die erste Zigarette nach der langen Zeit ist ein Hochgenuss...

Mit dem Shuttlebus geht es zur Mietwagenfirma; diesmal haben wir uns für einen Wagen von Avis entschieden, die für diese Reise die besten Konditionen geboten hatten. Leider dauert es auch hier eine ganze Weile, bis wir endlich vor dem Mietwagen stehen, diesen beladen und losfahren können. Wir haben ein Kia-Modell ähnlich des Sportage gewählt. Das Auto ist für drei Personen groß genug, allerdings ist der Kofferraum recht knapp bemessen. Da werden wir uns mit unseren Einkäufen einschränken müssen...

Wir verlassen das Mietwagengelände und halten an einer ruhigen Stelle am Straßenrand an, um unser mitgebrachtes Navi zu installieren und in Betrieb zu nehmen. Die Adressen aller schon vorab von uns gebuchten Hotels haben wir bereits vor der Abreise eingegeben. Nach kurzer Anlaufzeit findet das Gerät den Satelliten und wir starten zum La Quinta Inn Dallas Uptown, 4440 North Central Expressway, wo wir die erste Nacht dieser Reise verbringen werden. Das Zimmer ist okay, sauber und ausreichend groß für drei Personen. Nach einer kurzen Erholungszeit und einer erfrischenden Dusche machen wir uns wieder auf den Weg und besorgen uns in einem nahegelegenen Supermarkt einen Wasservorrat für die ersten Tage der Reise. Da es bereits Abend ist und wir sowohl Müdigkeit als auch Hunger verspüren beschließen wir, noch etwas zu essen und uns dann im Hotel zur Ruhe zu begeben. Die Suche im Navi nach einem Restaurant zeigt uns schließlich, dass sich in unmittelbarer Nähe zu unserem Hotel ein Denny's befindet, so fällt die Wahl nicht schwer. Hier entscheiden wir uns für Burger, die wir selbst zusammenstellen können, dazu die obligatorischen Pommes frites und ein Kaltgetränk.

Nach einem abschließenden kurzen Spaziergang und einer letzten Gute-Nacht-Zigarette für mich fallen wir todmüde ins Bett und schlafen dem nächsten Tag entgegen.

3. Tag: Sonntag, 02. Oktober 2022

Den neuen Tag will ich nach dem Duschen mit einer Zigarette vor der Zimmertür beginnen - und schrecke erst einmal zurück. Direkt vor unserem Zimmer steht der Pick-Up-Truck eines Verkäufers von Rinderschädeln. Das besagt nicht nur die Aufschrift auf dem Truck, es ist auch erkennbar an den Schädeln, mit denen er sein Fahrzeug dekoriert hat. Nun ist es unverkennbar: Wir sind in Texas.

Rinderschädel am frühen Morgen

Beim Frühstück, das im Übernachtungspreis enthalten ist, wird erneut deutlich, dass wir uns im „Lone Star State" befinden, denn die Frühstückswaffeln haben die Form von Texas. Klar, dass wir mehrere davon verzehren.

Leckere Texas-Waffel

Derart gut gestärkt packen wir unseren Wagen und machen uns bereits um 8:30 Uhr auf zur nächsten Station unserer Reise, nach Houston. Natürlich nicht, ohne zuvor Downtown Dallas zu erkunden.

Nach Houston und San Antonio ist Dallas, gegründet 1841, die drittgrößte Stadt in Texas. 1,3 Millionen Einwohner leben hier. Bedingt durch die günstige Lage an mehreren Eisenbahnlinien war Dallas in den Anfängen ein bedeutendes Zentrum der Öl- und Baumwollindustrie. Heute stehen wirtschaftlich die Computerbranche, Finanzdienstleister und Transportunternehmen im Vordergrund.

1930 wurde 160 km östlich von Dallas Öl entdeckt, was die Stadt nicht nur zu einem Zentrum der Ölindustrie in Texas, sondern in der Folge viele Jahre später auch weltweit bekannt machte durch die Fernsehserie Dallas, in der J.R. Ewing seine fiesen Intrigen spann. Die Ranch, die in der Serie als Wohnsitz der Ewing-Familie diente, liegt außerhalb der Stadt und ist bis heute ein beliebtes Touristenziel, jedoch heute nicht für uns.

Wir parken unseren Wagen auf einem Parkplatz zwischen Pacific Avenue und Elm Street, in der Nähe des Dallas County Courthouse, in dem sich auch die Tourist Information befindet, die zu dieser frühen Tageszeit aber leider noch geschlossen ist. So erkunden wir diesen Bereich der Stadt entlang der Elm Street.

Natürlich fallen zahlreiche hohe Gebäude in der Innenstadt sofort ins Auge. Das höchste Gebäude der Stadt ist das in den 90er Jahren gebaute und 281 Meter hohe Bank of America Plaza. Auch der 171 Meter hohe Aussichtsturm Reunion Tower prägt die Skyline der Stadt.

Doch wir interessieren uns eher für niedrigere Bauten oder auch Plätze. Einer davon ist die Founders Plaza, ein großer quadratischer, von vielen Bäumen beschatteter Platz zwischen Elm Street und Main Street. Hier steht unter anderem die Hütte von John Neely Bryan, des Gründers von Dallas. Die kleine unscheinbare Holzhütte kann schnell übersehen werden, obwohl sie doch so bedeutend für die Stadt ist, schließlich handelt es sich quasi um die Wiege der Stadt.

Wir schlendern weiter und erreichen nach wenigen Metern die John Fitzgerald Kennedy Memorial Plaza an, die sich direkt gegenüber an der Main Street befindet.

Sicher ist den meisten Lesern bekannt, dass der damalige US-Präsident John F. Kennedy in Dallas erschossen wurde und das hier errichtete Denkmal erinnert sowohl an den Präsidenten als auch an das Attentat, dessen Umstände noch immer merkwürdig erscheinen.

Das John Fitzgerald Kennedy Memorial wurde 1970 errichtet und befindet sich etwa 200 Meter östlich von Dealey Plaza, wo Kennedy ermordet wurde. Wenn man es zum ersten Mal sieht, wirkt das Denkmal einfallslos, besteht es doch augenscheinlich nur aus kahlen Betonwänden. Doch wie wir bei einer spontanen Internetrecherche erfahren, hat diese Struktur durchaus ihren (Hinter-)Sinn.

Die Fertigbetonwände bilden einen gut 9 Meter hohen quadratischen, dachlosen Raum von 15 x 15 Metern mit zwei schmalen Öffnungen nach Norden und Süden. Die Wände bestehen aus 72 weißen Betonsäulen, von denen die meisten 74 cm über der Erde enden. Acht Säulen (zwei in jeder Ecke) erstrecken sich bis zum Boden und dienen als Beine, die das Denkmal stützen. Jede Säule endet in einer Leuchte. Die Ecken und die beiden Öffnungen dieses dachlosen Raums sind mit Reihen aus Betonkreisen dekoriert, die jeweils identisch und perfekt ausgerichtet sind. Die Gestaltung wird als Cenotaph bezeichnet, was leeres Grab bedeutet. Zwei dunkle Granitquader befinden sich auf dem Platz um das Denkmal, jeweils 15 m von den schmalen Eingängen zum Cenotaph entfernt. Beide tragen jeweils die gleiche Inschrift, die lautet:

The joy and excitement of
John Fitzgerald Kennedy's life belonged to all men.
So did the pain and sorrow of his death.
When he died on November 22, 1963, shock and
agony touched human conscience throughout the world.
In Dallas, Texas, there was a special sorrow.
The young President died in Dallas. The death
bullets were fired 200 yards west of this site.
This memorial, designed by Philip Johnson,

was erected by the people of Dallas. Thousands of citizens contributed support, money and effort.
It is not a memorial to the pain and sorrow of death, but stands as a permanent tribute to the joy and excitement of one man's life.
John Fitzgerald Kennedy's life.

Übersetzt:
Die Freude und Aufregung von John Fitzgerald Kennedys Leben gehörte allen Menschen. So auch der Schmerz und die Trauer seines Todes. Als er am 22. November 1963 starb, berührten Schock und Qual das menschliche Gewissen auf der ganzen Welt. In Dallas, Texas, gab es eine besondere Trauer. Der junge Präsident starb in Dallas. Die Todeskugeln wurden 200 Meter westlich von diesem Standort abgefeuert. Dieses Denkmal, entworfen von Philip Johnson, wurde von den Menschen in Dallas errichtet. Tausende Bürger trugen Unterstützung, Geld und Mühe bei. Es ist kein Denkmal für den Schmerz und die Trauer des Todes, steht aber als dauerhafte Hommage an die Freude und Aufregung des Lebens eines Mannes. John Fitzgerald Kennedys Leben.

Wir streifen noch einige Zeit durch die Straßen, dann führt unser Weg zurück zum County Courthouse, wo wir jedoch erneut vor geschlossenen Türen stehen. Also setzen wir unseren Spaziergang fort, überqueren die North Houston Street und gelangen wieder auf die Elm Street, wo wir nach wenigen Schritten die Dealy Plaza erreichen. Hier führt unser erster Weg zum Grassy Knoll. Dies ist die kleine leicht hügelige Grünanlage, die am oberen Ende von einer halbrunden durchbrochenen Mauer umschlossen ist. Diese Stelle erlangte 1963 traurige Berühmtheit, als Präsident Kennedy im offenen Wagen die Elm Street befuhr und auf Höhe dieses Parks erschossen wurde. Fast 60 Jahre später hier zu stehen erweckt ein eigenartiges Gefühl und die Bilder der damaligen Ereignisse tauchen unweigerlich wieder vor meinem geistigen Auge auf. Schräg links hinter uns befindet sich das damals als Schulbuchlager genutzte Gebäude, das heute ein Museum ist, welches wir anschließend natürlich auch noch besuchen werden.

Betrachtet man die örtlichen Gegebenheiten, so erlaube ich mir, hier meine ganz persönliche Meinung zu äußern: Es erscheint mir sehr unwahrscheinlich, dass es Lee Harvey Oswald mit einem einfachen Gewehr gelungen sein soll, von seinem Standort im 6. Stock des Gebäudes die tödlichen Schüsse auf Kennedy abzugeben.

Vielleicht wird eines Tages doch noch zweifelsfrei offenbart, was damals tatsächlich geschah und wer verantwortlich war....

Dealy Plaza, links das Sixth Floor Museum

Nachdenklich gehen wir dann den kurzen Weg zum Sixth Floor Museum at Dealy Plaza.

Der Eingang im vorderen Bereich führt zur Kasse, wo wir für jeweils 21 Dollar (Erwachsener) bzw. 17 Dollar (Jugendlicher) unsere Eintrittskarten erwerben, wobei in diesen Preisen auch jeweils ein Audio-Guide, auch in deutscher Sprache, enthalten ist.

Die Karten gelten immer für bestimmte Eintritts-Slots, so dass wir noch knapp 20 Minuten warten müssen, bevor wir an der Reihe sind.

Bevor wir uns zum Eingang auf der Rückseite begeben, nutze ich die Zeit noch für eine entspannte Zigarette. Dann werden wir gemeinsam mit ungefähr 30 anderen Personen eingelassen und dürfen, nachdem wir die Sicherheitskontrolle durchlaufen haben, jeweils in Gruppen von 6 Personen in den Fahrstuhl einsteigen, der uns in die 6. Etage des Gebäudes bringt, wo sich die umfangreiche Hauptausstellung befindet. Die Ausstellung besteht aus mehreren Stationen, die ausführlich die 1000 Tage der Regierung von JFK wiedergeben. Alles wird sehr interessant erklärt, auch die politische und gesellschaftliche Situation der USA in den 60ern wird sehr anschaulich beschrieben. Das Attentat selbst wird anhand vieler Dokumente, Fotos und spezieller Ausstellungsstücke in allen Einzelheiten erläutert. Auch auf die unterschiedlichen Thesen zu diesem Mord wird eingegangen, sowohl auf den offiziellen Bericht als auch die vielen zugehörigen Verschwörungstheorien. Selbst die Zeit nach dem Attentat wird umfänglich geschildert. ebenso wie die Zeit danach.

Am Ende des Rundgangs begeben wir uns in den 7. Stock und gelangen zu dem Fenster, von dem aus Lee Harvey Oswald geschossen hat. Hier befindet sich hinter einer Plexiglaswand die originale Szenerie, wie sie die nach dem Mord eintreffende Polizei damals vorgefunden hat.

Es mag pathetisch klingen, aber hier spürt man den Atem der Geschichte hautnah. Der Besuch in diesem Museum ist absolut empfehlenswert und sollte zu einem Aufenthalt in Dallas unbedingt dazugehören.

Der atmosphärisch radikale Umbruch, den wir erfahren, als wir nach gut zwei Stunden wieder aus dem Fahrstuhl im Erdgeschoss steigen, ist beachtlich, denn wir finden uns im Souvenirshop wieder - der voller Menschen ist und wo die Kassen laut klingeln. Aber das gehört wohl nun mal auch dazu...

Wir verlassen das Gebäude und ruhen uns einige Minuten auf einer Bank vor dem Gebäude aus, nicht zuletzt auch, um die vielen Eindrücke zu verarbeiten.

Schließlich machen wir uns wieder auf den Weg zurück zu unserem Auto, das wir nach einer knappen Viertelstunde erreichen. Es erwartet uns wohlbehalten und ist bereit für die Weiterfahrt. Unsere Reise geht nun weiter nach Houston und die vor uns liegende Strecke beträgt ungefähr 500 Kilometer, da wir auch noch einen Abstecher nach Austin, der Hauptstadt von Texas, eingeplant haben. Doch im gebuchten Hotel, Extended Stay America NASA Houston Space Center, können wir noch bis spätnachts einchecken, so dass uns unterwegs nichts zu übertriebener Eile drängt.

Wir verlassen Dallas um die Mittagszeit in südwestlicher Richtung über die US-67 S, die uns über eine Strecke von knapp 130 Kilometern direkt nach Glen Rose führt, wo sich der Dinosaur Valley State Park befindet.

Gleich an der Zufahrt zum Park begrüßen uns ein paar Dinosauriermodelle. Der zugehörige Shop bietet alles rund um dieses bei Kindern beliebte Thema. Wir beschränken uns auf die Mitnahme einer Übersichtskarte.

Dino-Modell am Parkeingang

Dem Info-Text entnehmen wir, dass in diesem Gebiet im Flussbett des Paluxy Rivers versteinerte Fußabdrücke von Dinosauriern aus der Zeit der Unterkreide im Gestein erhalten sind. Sie wurden 1930 von dem Paläontologen Roland T. Bird entdeckt.

Der Spätsommer und Frühherbst sind bestens geeignet, um diese Spuren selbst entdecken zu können, da der Wasserstand des Flusses relativ niedrig ist und die Abdrücke teilweise trocken liegen. Das lässt uns hoffen, diese Spuren auch tatsächlich zu finden.

Wir erfahren ferner, dass das Gelände für den Park 1968 gekauft, das Gelände als National Natural Landmark eingetragen und der Dinosaur Valley State Park mit einer Fläche von 738 Hektar eröffnet 1972 eröffnet wurde.

Die Spuren sollen vor 113 Millionen Jahren am Rande eines flachen Ozeans entstanden sein. Der Paluxy River hat das Gestein erodiert, so dass die fossilen Spuren der Dinosaurier freigelegt wurden. Die Karte verspricht uns das Entdecken von dreizehigen Spuren mit Abdrücken von scharfen Klauen, die von zweibeinigen fleischfressenden Dinosauriern stammen. Weitaus größere, rundliche Spuren stammen von vierbeinigen pflanzenfressenden Sauriern.

Wir parken unser Auto und machen uns zu Fuß auf den Weg, zunächst entlang am Flussufer. Die Stellen, an denen Spuren zu sehen sind, sind markiert und wir verlassen den Uferweg am ersten Hinweis. Über einen schmalen Trampelpfad gelangen wir ans flache Wasser, worin bereits zahlreiche andere Besucher waten und nach den Spuren suchen. Wir begnügen uns mit einem Blick vom Ufer aus, bevor wir zurück auf den Weg und diesen weiter gehen.

An einer breiten Flussstelle, wo das Wasser sehr flach und viele Besucher suchend unterwegs sind, begeben wir uns ebenfalls ins Wasser und machen uns auf Spurensuche. Tatsächlich sind sie gut zu erkennen.

Spuren aus einer lang vergangenen Zeit

Bevor wir zu unserem Auto zurückkehren legen wir eine kurze Pause ein und machen es uns auf einer Bank gemütlich, von wo aus wir den anderen Besuchern noch eine Weile zusehen. Dann setzen wir unsere Fahrt in südlicher Richtung auf der US-281 S fort, bis wir nach 263 Kilometern bzw. gut dreistündiger Fahrt kurz nach 18 Uhr unseren Wagen in einer kleinen Nebenstraße in der Nähe des State Capitols von Austin kostenlos am Straßenrand parken.

Austin ist die Hauptstadt und die viertgrößte Stadt in Texas. Die Einwohnerzahl der Stadt beträgt knapp 1 Million, im Großraum Austin leben mehr als zwei Millionen Menschen. Die Stadt wurde 1835 gegründet und bereits 1839 zur Hauptstadt von Texas ernannt.

Das Texas State Capitol, vor dem wir jetzt stehen, wurde von 1882 bis 1888 erbaut und galt damals als siebtgrößtes Gebäude der Welt. Es ist sechs Meter höher als das Kapitol in Washington, D.C. Der National Park Service führt es als National Historic Landmark.

Das Texas State Capitol in Austin

Wir spazieren zunächst durch die Grünanlage, die sich vor dem Capitol erstreckt. Die Wege führen teils über Brücken, von denen man erkennen kann, dass offensichtlich die gesamte Grünanlage quasi die Überdachung des unterirdischen Erweiterungsbaus des Capitols darstellt. Diese Erweiterung wurde 1993 fertiggestellt und hat seinerzeit, allerdings zusammen mit der Renovierung des Capitols, 75 Millionen Dollar gekostet.

Im Park verteilt stehen zahlreiche Denkmale, Monumente und Statuen, u.a. für Texas' Cowboys, für die Gefallenen des Koreakrieges, der Weltkriege, Pearl Harbor, aber auch für die Pionierfrauen in Texas. Selbst eine kleinformatige Nachbildung der Freiheitsstatue in New York befindet sich hier.

Als wir uns dem Eingang des Capitols nähern stellen wir überrascht fest, dass dieses noch für Besucher geöffnet ist und so zögern wir nicht, die Gelegenheit zur Besichtigung zu ergreifen.

Die Sicherheitskontrolle ist schnell erledigt und wir machen uns daran, das Gebäude, wenn auch im Schnelldurchgang, zu durchstreifen. Dazu gehören die Rotunde unter der riesigen Kuppel mit den Fotos ehemaliger Gouverneure, das imposante südliche Foyer, die breiten öffentlichen Flure, die Senatskammer und verschiedene Empfangsräume. Alles in allem ist das Gebäude auch in seinem Inneren recht beeindruckend und auf jeden Fall einen Besuch wert.

Blick in die Kuppel des Texas State Capitol

Da wir jedoch noch eine ziemlich lange Strecke vor uns haben, beenden wir unseren Aufenthalt nach gut einer Stunde, gehen zurück zu unserem Auto und setzen unsere Reise nach Houston, jetzt in südöstlicher Richtung fort. Nach knapp 50 Kilometern Fahrt, inzwischen ist es fast 20 Uhr am Abend, weist uns das leuchtende goldene M den Weg zu einer schnellen Mahlzeit, bevor es auf die letzte heutige Etappe geht.

Die letzten 225 Kilometer bewältigen wir ohne Unterbrechungen und erreichen schließlich gegen 23:20 Uhr unser Tagesziel: Das Hotel Extended Stay America NASA Houston Space Center.

Wir sind zugegebenermaßen ziemlich müde und freuen uns darauf, schnell auf unser Zimmer zu gelangen und dann zu schlafen. Doch die Hoteltür ist verschlossen. Ein Schild an der Tür weist uns jedoch an, eine Telefonnummer anzurufen, um Einlass zu erhalten. Nach dem Anruf dauert es zum Glück auch nur wenige Minuten, bis uns die Tür von einer freundlichen Dame geöffnet wird, die auch das Einchecken zügig abwickelt.

So liegen wir doch noch vor 24 Uhr in unseren Betten, in denen wir erschöpft schnell ein- und dem nächsten Tag entgegen schlafen.

4. Tag: Montag, 03. Oktober 2022

Obwohl wir erst recht spät ins Bett gekommen sind, stehen wir relativ früh wieder auf. Wie immer auf all unseren Reisen erkläre ich mich bereit, nach dem Duschen hinaus vor das Hotel zu gehen, um die Temperaturen zu „erfühlen". Natürlich mit dem Hintergedanken, dabei auch eine Zigarette zu rauchen. Bevor ich dann auf unser Zimmer zurückkehre, bediene ich mich in der Lobby am Frühstücksbuffet, das in diesem Hotel aus Kaffee, abgepacktem Süßgebäck und Obst besteht. Einen Frühstücksraum oder zumindest einige Sitzgelegenheiten in der Lobby gibt es nicht. Selbstverständlich bedenke ich auch meine Reisebegleiter und treffe entsprechend beladen wieder im Zimmer ein. Nachdem unser Junior noch einmal Nachschlag beschafft hat, verlassen wir unser Zimmer, checken aus und sind um 9:30 Uhr zum Aufbruch bereit.

Houston ist mit über 2 Millionen Einwohnern die größte Stadt in Texas und die viertgrößte Stadt der USA. Sie liegt direkt am Golf von Mexico und erstreckt sich über eine Fläche von 1700 km². Gegründet wurde die Stadt 1836 von zwei Brüdern aus

New York, die hier 27 km² Land kauften und die ersten Häuser der Stadt bauten, die sie nach Sam Houston, einem berühmten texanischen General, benannten.

Heute ist Houston ein bedeutendes Wirtschaftszentrum, der Hafen ist einer der wichtigsten der USA. Auch kulturell hat Houston einiges zu bieten und es mangelt nicht an touristischen Sehenswürdigkeiten. Doch wir sind, wie sicher die überwiegende Mehrheit der Touristen, die Houston ansteuern, hier, um ein ganz bestimmtes Ziel zu besuchen.

Dazu könnten wir den Weg dorthin theoretisch sogar zu Fuß bewältigen, denn wir hatten das Hotel strategisch sehr günstig gewählt. Es liegt quasi gegenüber dem NASA-Gelände, das wir nun ansteuern. Bedingt durch die Straßenführung ist die Fahrtstrecke sogar länger als der Fußweg, aber schließlich sind wir ja auch in den USA... da geht man wenig zu Fuß.

Der Besucherparkplatz des Lyndon B. Johnson Space Centers, wie es ganz offiziell heißt, ist noch fast leer und wir können uns einen Parkplatz im Schatten aussuchen. Nach wenigen Schritten stehen wir vor dem Eingang, der aber noch geschlossen ist. So nutzen wir die Zeit, um uns die hier bereits am Rand des Parkplatzes unter freiem Himmel ausgestellten verschiedenen Raketen in aller Ruhe anzusehen. Einige davon sind schon recht imposant.

Übersichtsplan NASA-Gelände Houston

Auch der originalgetreue Nachbau des Space Shuttle Independence, das, aufgesattelt auf eine große Boeing-Maschine, als Blickfang hinter der Umzäunung auf dem NASA-Gelände steht, ist echt beeindruckend. Das werden wir uns später noch genauer ansehen, denn es kann auch von innen besichtigt werden.

Space Shuttle Independence

Die Zeit bis zur Öffnung der Kasse vergeht so sehr schnell und wir reihen uns in die zum Glück recht kurze Schlange ein und zahlen jeweils knapp 35 Dollar für den Eintritt, doch es sei hier bereits gesagt, dass es sich lohnt, dieses Geld zu investieren.

Nach der obligatorischen Sicherheitskontrolle betreten wir eine große Halle, in der zahlreiche verschiedene Angebote die interessierten Besucher erwarten. Für jeden, ob groß oder klein, ist etwas dabei. Wir müssen uns zunächst orientieren und ent-

scheiden uns dann zuerst für eine kostenlose Tour über das Gelände. Wir haben Glück und bekommen Plätze in der blauen Tour, die unter anderem zur Trainingsanlage für Astronauten führt.
Doch zunächst geht es mit der gemächlich fahrenden offenen Bahn über das Freigelände. Dabei führt der Weg auch an einer Weide vorbei, auf der eine Herde Longhorn-Rinder grast. Unser Guide erklärt, dass diese Rinder tatsächlich der NASA gehören und es somit möglich ist, einen Job als Rinderhirte bei der NASA zu bekommen.

Die „NASA-Rinder"

Kurz darauf hält die „Bimmelbahn" dann an der Trainingsanlage für die Astronauten. Wir steigen aus und betreten das Gebäude durch einen Seiteneingang. Über Treppen geht es nach oben, unser Guide öffnet eine Tür und wir befinden uns auf einer Galerie, die die gesamte Länge der großen Halle entlangführt und von oben einen Blick auf die verschiedenen Bereiche freigibt.

Unser Guide erklärt, dass bereits seit 1980 jeder NASA -Astronaut diese Trainingseinrichtung durchlaufen hat. Hier gibt es verschiedene Arten von Modellen, an deren Entwicklung Ingenieure arbeiten und Astronauten trainieren. Im Anfang waren es Space-Shuttle-Trainingsmodule, nun befinden sich hier u.a. Exploration Rover-Prototypen und andere Robotikprojekte wie Valkyrie, die nächste Generation des humanoiden Roboters der NASA.

ISS-Module helfen potenziellen Astronauten dabei, sich mit der Raumstation vertraut zu machen, um sich auf ihre Mission vorzubereiten.

Orion, das bemannte Fahrzeug der NASA, wird von Astronauten bewertet und getestet, während die Ingenieure das Design sukzessive abschließen. In diesem Gebäude finden fast 200 verschiedene Schulungskurse statt, um Astronauten mit den Raumschiffen vertraut zu machen, ihnen helfen, die verschiedenen Systeme zu verstehen und sich auf Notfälle vorzubereiten, die während einer Mission auftreten können.

Wir erfahren, dass diese Astronauten-Trainingseinrichtung zum zentralen Ort für die Lösung von Problemen während der Missionen geworden ist. Sollte ein Problem an Bord der ISS auftreten, würden erfahrene Spezialisten hierher kommen, um die Situation mit den hier arbeitenden Ingenieuren durchzugehen und dann den Schritt-für-Schritt-Lösungsprozess an die Astronauten im Orbit weiterzuleiten.

Langsam gehen wir die Galerie entlang und betrachten die verschiedenen Raumkapseln, Fahrzeuge und anderen Objekte, an denen hier gearbeitet wird.

Im Forschungszentrum

Was uns allerdings etwas nachdenklich macht, ist die erhebliche Menge an Versandkartons eines großen bekannten Online-Händlers, die neben einem der Schreibtische liegen. Wir fragen uns unweigerlich, wo die NASA wohl ihre technischen Komponenten und Ersatzteile kauft....

Wir verlassen die Halle und besteigen wieder die Bimmelbahn, die uns nun zu einer noch größeren Halle auf dem riesigen Gelände bringt. Unterwegs passieren wir einige Bürogebäude, vor denen einige sehr junge Männer und Frauen mit Laptops auf dem Schoß in der Sonne sitzen und offensichtlich die Arbeit in der Sonne genießen. Wir vermuten, dass man als sogenannter Computer-Nerd offensichtlich große Chancen hat, einen Job bei der NASA zu bekommen.

Unser gemütliches Transportmittel hält vor der langen Halle. Wir gehen die wenigen Schritte hinein und blicken fast direkt in die riesigen Antriebsdüsen einer Saturn-V-Rakete. Mit diesem Raketentyp brachte die NASA ihre Astronauten im Rahmen des Apollo-Programms zum Mond. Sofort tauchen Erinnerungen an die verschiedenen Starts der Raketen auf, die damals, Ende der 60er und bis Mitte der 70er Jahre des 20. Jahrhunderts, genau wie die Mondmissionen der NASA, live im Fernsehen übertragen wurden.

Den Hinweistafeln entnehmen wir, dass weltweit nur drei Original-Saturn-V-Raketen ausgestellt werden. Dabei ist die Rakete, vor der wir jetzt stehen, die einzige, die aus tatsächlich flugtauglichen Komponenten besteht; die beiden anderen sind nicht-flugfähige Modelle. Die Rakete besteht aus drei Segmenten, die als Stufen bezeichnet werden, und genug Motorkraft und Treibstoff enthielten, um von der Erde abzuheben und die Umlaufbahn um den Mond zu erreichen.

Im Rahmen des Apollo-Programms starteten insgesamt 13 dieser Raketen.

Eine Saturn-V-Rakete ist knapp 111 Meter lang (oder hoch). Mit voller Last kann die Rakete gut 2,8 Millionen Kilogramm wiegen. Das entspricht in etwa dem Gewicht von 39 Space Shuttles. Eingesetzt wurde die Saturn V zwischen 1967 und 1973 und sie brachte 26 Astronauten in sechs erfolgreichen Missionen auf den Mond. Bekanntermaßen schlug nur die Mission der Apollo 13 (Houston, wir haben ein Problem) fehl, wobei glücklicherweise die Astronauten gerettet werden konnten.

Mit dem letzten Flug einer Saturn V wurde das Skylab, Amerikas erste Raumstation, in die Umlaufbahn gebracht.

Man gönnt uns ausreichend Zeit zur Besichtigung. Wir gehen die Rakete entlang und sind von deren Größe wirklich beeindruckt. Aufmerksamkeit erregen aber auch die an den Hallenwänden aufgehängten detaillierten Informationstafeln zu jeder einzelnen Apollo-Mission und den jeweiligen Astronauten. Zudem ist die Halle geschmückt mit den zu jeder Mission extra entworfenen unterschiedlichen Symbolflaggen.

Alles in allem lohnt der Besuch dieser Halle absolut.

Infotafel über die erste Mondlandemission

Schließlich besteigen wir wieder die Bahn und es geht in gemächlichem Tempo zurück zu unserem Ausgangspunkt, der großen Ausstellungshalle.

Nach kurzer Orientierung entscheiden wir uns, die „Starship Gallery" zu besuchen, wo zahlreiche Original-Ausstellungsstücke darauf warten, von uns entdeckt zu werden. Dazu gehören die Original-Apollo 17-Kommandokapsel, ein Skylab-Simulator, eine Mondlandefähre, verschiedene Mondfahrzeuge, quasi alles, was bei der Entwicklung der Weltraumfahrt eine Rolle gespielt hat. Alles wird anschaulich erklärt und einige Exponate dürfen sogar betreten bzw. angefasst werden.

Dazu gehört auch ein Stück echtes Mondgestein und wir stellen uns natürlich gerne in die Reihe, um dieses Exponat mit eigenen Fingern zu berühren.

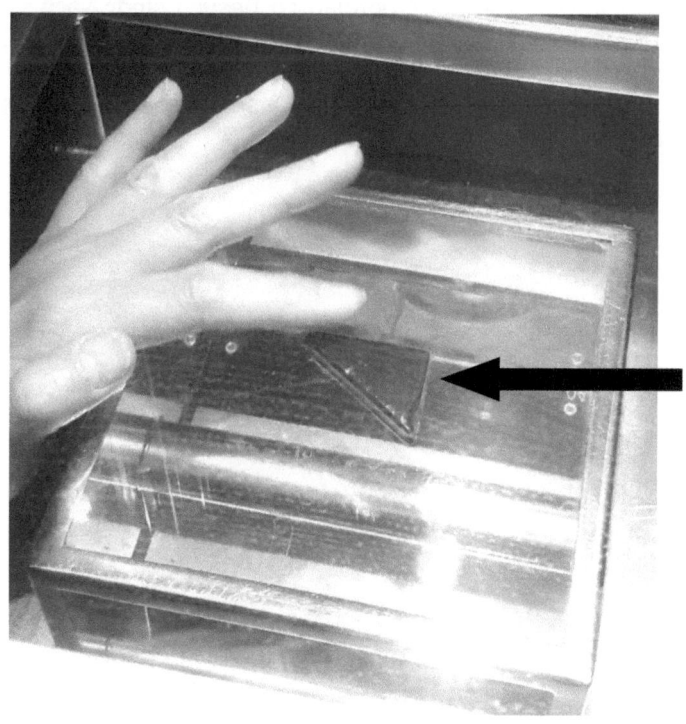

Echtes Mondgestein

Auch dieser Rundgang lohnt sich für jeden, der an der Raumfahrt interessiert ist.

Als nächstes ist uns nach frischer Luft und wir betreten das Freigelände, die sogenannte Independence Plaza. Hier steht die Boeing NASA 905 SCA, eine Variante des Jumbo-Jets 737, mit der aufgesattelten Raumfähre. Beides kann von innen besichtigt werden. Bevor wir jedoch den 6 Etagen hohen Treppenturm besteigen, um dann die Besichtigung von oben nach unten durchzuführen, beschließen wir, die ebenfalls ausgestellten verschiedenen Raketenteile, die wir ja bereits von außerhalb des Zauns sehen konnten, näher in Augenschein zu nehmen.

Auch andere Besucher kreuzen unseren Weg und wir hören vertraute, deutsche Töne. Wir kommen ins Gespräch und erfahren, dass es sich um eine Familie aus Gelsenkirchen handelt, die hier in Houston bei Freunden zu Besuch sind. Nach kurzer Plauderei wünschen wir uns gegenseitig noch eine gute Zeit, dann machen wir uns an die „Besteigung" des Treppenturms, von dessen oberster Plattform wir das Space Shuttle Independence betreten können.

Der Frachtraum des Space Shuttle

Dies ist weltweit das einzige Space Shuttle, das auf das originale Trägerflugzeug montiert und in allen Details zu besichtigen ist.

Die Trägermaschine NASA 905 hat insgesamt 223 Mal Space Shuttles transportiert und dabei in 42 Jahren 11.017 Flugstunden absolviert. Diese Maschine ist das größte noch intakte Objekt des Shuttle-Programms. Sie wäre auch heute noch flugfähig. Beide Maschinen zusammen wiegen 240 Tonnen, das Shuttle wieg 80 Tonnen, das Flugzeug 159 Tonnen.

Weitere beeindruckende Zahlen:
Flugzeug:
Länge: 70,5 Meter
Spannweite: 59,7 Meter
Höhe: 19,3 Meter
Leergewicht: 144.200 Kilogramm

Space Shuttle:
Länge: 37,2 Meter
Spannweite: 23,7 Meter
Höhe: 17,3 Meter
Gewicht: 77.500 Kilogramm

Es wird auch geschildert, wie groß und schwierig der Aufwand war, diese beiden Ausstellungsstücke hier auf dem Gelände zu platzieren.

Im Shuttle geben zahlreiche Ausstellungsstücke einen fundierten Einblick in die Historie der Space Shuttles und beschreiben zugleich deren Einfluss auf die gegenwärtige und zukünftige Erkundung des Alls.

Zunächst gelangen wir zum Cockpit, von wo aus die Astronauten das Shuttle steuerten. Vom Flugdeck aus geht es dann aufs Mitteldeck, wo der Frachtbereich den größten Raum einnimmt und den Astronauten nur minimalen Platz für das Leben an Bord, also für Schlafen, Essen, etc., lässt.

Das alles ist sehr beeindruckend, würde auch noch Schwerelosigkeit simuliert, so könnte man sich tatsächlich wie ein Astronaut fühlen.

Natürlich gibt es auch zwei große Erinnerungstafeln für die verunglückten Shuttle-Missionen Challenger und Columbia, mit Fotos der ums Leben gekommenen Besatzungsmitglieder. Das ruft uns in Erinnerung, wie gefährlich die Raumfahrt trotz aller hochentwickelter Technik ist.

Die tödlich verunglückten Space Shuttle Crews

Wir verweilen kurz vor diesen Gedenktafeln, dann führt uns der Weg weiter ins Flugzeug, dessen Inneres bis auf das Cockpit so gut wie leer ist und wo statt Fracht oder Sitzplätzen zahlreiche Infotafeln und - auch interaktive - Objekte zur Geschichte der Shuttle-Missionen ausgestellt sind.

Die vielen Eindrücke und Informationen müssen wir nach Verlassen des Flugzeuges erst einmal verarbeiten, aber es war absolut lohnenswert, auch dieses Ensemble aus der Geschichte der Raumfahrt zu besichtigen.

Ein Blick auf die Uhr verrät uns, dass es allmählich Zeit zum Aufbruch ist. Es ist bereits früher Nachmittag, als wir schließlich das Johnson Space Center verlassen.

Die Entscheidung, das Auto im Schatten zu parken, erweist sich als absolut richtig, denn die Sonne scheint von einem wolkenlosen Himmel und die Temperaturen sind sommerlich warm.

Doch im Auto ist es angenehm kühl und wir machen uns auf die nächste Etappe unserer Reise. Vor uns liegen rund 350 Kilometer Fahrt zu unserem heutigen Ziel, dem La Quinta Inn by Windham in San Antonio am Market Square.

Wir verlassen Houston über die I-10 W in westlicher Richtung. Da uns das Navi eine Fahrtzeit von ungefähr 3,5 Stunden anzeigt und wir im Space Center aufgrund der horrenden Preise auf den Erwerb von Souvenirs verzichtet haben, steuern wir nach einer knappen halben Stunde den Parkplatz eines großen Walmart-Supercenters an. Bei vergangenen Aufenthalten in den USA haben wir die Erfahrung gemacht, dass in diesen Läden auch Souvenirs nahegelegener Attraktionen angeboten werden - zu einem deutlich günstigeren Preis.

Wir durchstöbern den riesigen Supermarkt und werden auch fündig: Es gibt zumindest Kühlschrankmagneten mit der Darstellung des auf das Flugzeug montierten Space Shuttles. Auch ein paar andere Dinge wandern in unseren Einkaufswagen, zwar keine Souvenirs, aber preisgünstige Waren.

Nachdem alles verstaut ist, geht es schließlich ohne weiteren Stopp weiter auf der I-10 W. Der Verkehr vor San Antonio wird erheblich dichter und so benötigen wir etwas mehr als 4 Stunden Fahrtzeit, bis wir um 18:30 Uhr auf dem Parkplatz des Motels anhalten.

Das Einchecken geht schnell und problemlos. Ebenso schnell umrunden wir mit dem Auto das Gebäude und können den Wagen direkt vor unserem Zimmer parken.

Das Zimmer ist sauber und geräumig. Nach einer kurzen Erholungspause spüren wir den immer größer werdenden Hunger. Wir forschen im Internet nach Essensmöglichkeiten und entscheiden uns für die Filiale einer Pizza-Kette, die nicht weit vom Hotel entfernt ist.

Diese ähnelt, anders als andere Filialen dieser Kette, mehr einem Stehimbiss, doch es gibt zwei kleine Tische. An einem davon lassen wir uns nieder und genießen die durchaus schmackhafte Pizza und ein Kaltgetränk.

Dann geht es zurück zum Hotel und wir lassen den Abend dieses erlebnisreichen Tages gemütlich in und angesichts der noch immer warmen Temperaturen zum Teil auch vor unserem Zimmer ausklingen.

5. Tag: Dienstag, 04. Oktober 2022

Nach einem gemütlichen Frühstück machen wir uns auf den recht kurzen Weg in die Innenstadt von San Antonio.

San Antonio ist mit 1,4 Millionen Einwohnern die zweitgrößte Stadt in Texas und liegt am gleichnamigen Fluss. Zudem ist San Antonio die älteste Stadt in Texas. Das Gebiet wurde erstmals 1691 von spanischen Missionaren und Soldaten erkundet. Der Name der Stadt ist angelehnt an den Heiligen Antonius von Padua. Zuerst gehörte die Stadt zum spanischen Kolonialreich, ging dann ab 1821 in den Besitz des unabhängig gewordenen Mexikos. Im Dezember 1835 wurde die Stadt von Truppen der kurz danach ausgerufenen Republik Texas erobert.

Heute gilt San Antonio als das wirtschaftliche und kulturelle Zentrum von Südtexas. Haupt-Wirtschaftszweige sind das Banken- und Finanzwesen, Bildung, Gesundheit und der Tourismus - jährlich besuchen circa 20 Millionen Touristen die Stadt. Ein großer wirtschaftlicher Faktor sind auch vier große Standorte des US-Militärs.

Wir interessieren uns für den historisch bedeutenden Aspekt der Stadt. Ein kurzer Spaziergang vom Parkplatz an der West

Crocket Street führt uns zur Alamo Plaza - und wir stehen vor dem Alamo.

The Alamo

Das Alamo ist eine zum Fort ausgebaute ehemalige Missionsstation. Es ist Namensgeber der Schlacht von Alamo im Texanischen Unabhängigkeitskrieg 1835/1836, als die Verteidiger des Forts nach aufopferungsvollem Kampf schließlich von mexikanischen Truppen besiegt wurden. Heute ist The Alamo ein Teil der San Antonio Missions und gehört zum Unesco-Welterbe.

Im Unabhängigkeitskrieg eroberten zunächst die gegen Spanien aufständischen Mexikaner das Fort. Dieser Krieg begann am 2. Oktober 1835 und führte schließlich zur Unabhängigkeit Texas von Mexiko. Im Verlauf des Krieges besetzten dann aufständische Siedler im Dezember 1835 „The Alamo". Sam Houston übernahm den Oberbefehl über die texanischen Truppen. Als der mexikanische General Santa Ana mit 7.000 Mann den Rio Grande überschritt, um den Aufstand niederzuschlagen, wurde Houstons zeitweiliger Rückzug von etwa 200 Verteidigern im Alamo vom 23. Februar bis zum 6. März 1836 gedeckt. Die Anführer im Alamo waren William Travis, der Abenteurer James (Jim) Bowie und Davy Crockett. Nach 13 Tagen Belagerung wurde „The Alamo" gestürmt, fast alle männlichen Verteidiger wurden getötet, Frauen und Kinder aber größtenteils verschont. 189 bei der Verteidigung des Alamo Gefallene sind namentlich bekannt. Insgesamt könnten es jedoch bis zu 257 gewesen sein. Es sollen aber nicht alle im Kampf getötet worden sein. Einige Kämpfer, darunter auch Davy Crockett, gerieten in Gefangenschaft. Der vor Ort kommandierende General wollte sie begnadigen, aber Santa Ana befahl die Hinrichtung aller männlichen Überlebenden.

Mit dem Schlachtruf „Remember the Alamo!" gewannen die Texaner unter Sam Houston drei Wochen später die kriegsentscheidende Schlacht von San Jacinto beim heutigen Deer Park im Harris County. Anschließend blieb Texas einige Jahre unabhängige Republik, bevor es 1845 den USA beitrat.

Bis heute überdauert der Kampf um das Fort als einer der wichtigsten, allerdings auch sehr verklärten, Mythen der US-amerikanischen Geschichte. Er wird als Symbol von „Mut und Opferbereitschaft im Namen der Freiheit" gesehen. Nicht von ungefähr zieht das heutige Museum „The Alamo" jährlich 2,5 Millionen Besucher an und ist damit eine der meistbesuchten Attraktionen der USA.

Im Zusammenhang mit der Schlacht wird aber nur sehr selten erwähnt, dass eine der Ursachen für die texanischen Unabhängigkeitsbestrebungen die Abschaffung der Sklaverei durch das Mutterland Mexiko war. Dies bedrohte die Plantagenwirtschaft der Texaner, ein Grund für deren Rebellion. Daher ist die Assoziation des Alamo mit Freiheit irreführend, da diese Freiheit auch die Freiheit, Sklaven zu besitzen, beinhaltete.

Mit diesen Vorinformationen gerüstet machen wir uns daran, diesen geschichtsträchtigen Ort zu besichtigen. Direkt vor dem Komplex begrüßt uns eine Bronzestatue von Davy Crockett. Die obligatorischen Fotos sind schnell gemacht.

Statue von Davy Crockett vor dem Alamo

Dann betreten wir den weitläufigen Außenbereich des ehemaligen Forts, wo sich gleich linker Hand die Long Barrack befindet, der mit fast 300 Jahren älteste Teil der Anlage. Dieser Bau diente ursprünglich als Unterkunft und Arbeitsräume für die

Missionare. Während der letzten Schlacht führten dann viele der Verteidiger ihren Kampf gegen Santa Anas Truppen von diesem Gebäudeteil aus. Die grob gemauerten Räume wirken eng und bedrückend, so dass wir bald wieder ins Freie gehen und weiterschlendern über den Cavalry Courtyard. Hier stehen sechs Bronzestatuen historischer Personen aus dem texanischen Unabhängigkeitskrieg, darunter auch die von James Bowie und von Emily West Morgan, einer freien Afroamerikanerin, deren heroische Taten während des Unabhängigkeitskrieges in dem Lied „The Yellow Rose of Texas" besungen werden.

The Yellow Rose of Texas"

Für uns geht es weiter durch die Gärten und wir bewundern einen mächtigen, uralten Baum, kurz darauf überqueren wir einen kleinen Bach, in dem sich einige Kois tummeln. Wir genießen es, dass hier trotz der vielen anderen Touristen eine gewisse Stille herrscht.

Dieser Baum im Garten des Alamo könnte sicher viel erzählen

Schließlich betreten wir das Herzstück des Alamo-Geländes, die Kirche, die wegen der ihr zugewiesenen Bedeutung aus der Schlacht häufig auch als „Schrein" bezeichnet wird. Ursprünglich handelte es sich bei diesem Bau um eine spanische Missionskirche. Einige Spuren der Schlacht sind noch immer erkennbar.

Der Innenraum ist schlicht und im Kern leer, an den Wänden und der Stirnwand erinnern zahlreiche Ausstellungsstücke, Bilder und Gedenktafeln an die historisch bedeutungsvollen Geschehnisse und die Helden der Schlacht.

Im Inneren des Alamo

Wir schauen uns um, lesen die Informationen und Gedenktafeln. Naturgemäß sind wir als deutsche Touristen nicht davon ergriffen, hier an dieser geschichtsträchtigen Stätte zu sein, ganz im Gegensatz zu einigen der anderen, offensichtlich sehr patriotischen US-amerikanischen Besucher, die wir beobachten können.

Wir beenden unseren Rundgang, verlassen das Gebäude und statten dem, wie immer unvermeidlichen, Souvenirshop noch einen Besuch ab. Dabei landet das ein oder andere kleine Souvenir in unseren Taschen.

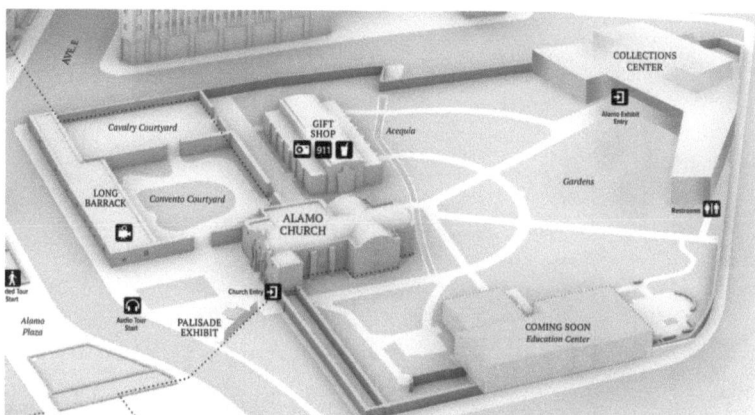

Übersichtsplan Alamo-Gelände

Kurz darauf stehen wir wieder außerhalb des Geländes und lassen uns auf einer Bank nieder, um etwas auszuruhen. Gerne nutze ich die Gelegenheit, um eine Zigarette zu rauchen.

Dann fällt unser Blick links auf ein großes Gebäude an der East Houston Street, das laut Inschrift über dem Portal das Gerichtsgebäude von San Antonio ist. Ein kleineres Schild neben der Tür weist darauf hin, dass sich hier auch eine Postfiliale befindet. Da wir immer auf der Suche nach besonderen Briefmarken als Mitbringseln sind, begeben wir uns die wenigen Schritte hinüber. Wir betreten das Gebäude und stehen vor einer Sicherheitskontrolle. Die beiden netten Herren fordern uns auf, unsere Taschen zu leeren und alles zusammen mit unseren Rucksäcken zur Überprüfung auf das Band zu legen, bevor wir selbst einzeln nacheinander durch die Kontrolle spazieren dürfen. Alles ist soweit gut, doch, schwupps, ich bin mein Feuerzeug los. Gnadenlos wird es konfisziert, Widerspruch ist zwecklos. Der Officer entsorgt es umgehend in einem bereitstehenden Mülleimer.

Die Postfiliale ist im Erdgeschoss eingerichtet, allerdings kann man sie nicht betreten. In der Wand des langen Flurs befindet sich ein kleines Fenster, das als Schalter dient. Der Mitarbeiter ist sehr freundlich und zeigt uns geduldig seine komplette Kollektion an Sonderbriefmarken. Leider werden wir nicht so richtig fündig, so verabschieden wir uns ohne Kauf.

Am Postschalter in San Antonio

An den beiden Sicherheitsbeamten vorbei, die meines Empfindens nach ein leichtes Grinsen im Gesicht haben, als ich mich freundlich von ihnen verabschiede, geht es wieder hinaus ins Freie.

Noch einmal passieren wir das Alamo-Gelände, wo es auch auf dem Vorplatz vor Touristen nur so wimmelt, und lenken unsere Schritte zu den Shops at Rivercenter, einem recht großen Einkaufszentrum mit zahlreichen Geschäften. Die meisten davon lassen wir jedoch links liegen. Stattdessen streben wir zum Ausgang am anderen Ende des Komplexes, von wo wir hinunter auf den River Walk gelangen.

Der River Walk ist eine der Attraktionen von San Antonio. Entlang des San Antonio Rivers, der ein paar Meter unterhalb des Straßenniveaus mitten durch das Stadtzentrum fließt, wurden Spazier- und Wanderwege, Parklandschaften und, so wie hier, wo wir uns jetzt befinden, zahlreiche Restaurants, Geschäfte und Hotels errichtet. Touristenboote fahren den Fluss entlang, in nur wenigen Metern Abstand vom Ufer, wo man essen, trinken, plaudern und die tolle Atmosphäre genießen kann.

Touristenboot auf dem San Antonio River

Gemeinsam mit zahlreichen anderen Touristen schlendern wir am Flussufer entlang, wobei wir uns durch die meist vollbesetzten Tische und eifrigen KellnerInnen hindurchschlängeln. Angesichts der Fülle von Speisen und Getränken und der vielen unterschiedlichen Wohlgerüche verspüren wir bald ebenfalls Hunger und Durst.

Wir stoppen am „Republic of Texas" und bekommen einen freien Tisch direkt am Wasser zugewiesen. Die freundliche Kellnerin bringt uns schnell die Speisekarte und nimmt unsere Getränkebestellung auf. Die Nachos und Burger, für die wir uns entscheiden, sind wirklich lecker, die Portionen sind groß und die Preise stimmen auch. Wir genießen die Pause und sehen dem Treiben ringsum zu.

Sehenswerte Speisekarte des „Republic of Texas"

Gestärkt und entspannt geht es zurück zu unserem Auto. Für den Nachmittag haben wir eine Rundtour mit dem Auto geplant, denn eine weitere Sehenswürdigkeit San Antonios sind „The Missions", eine Reihe von mehr oder weniger gut erhaltenen früheren Missionskirchen, die vom 17. bis zum 19. Jahrhundert von katholischen Mönchen errichtet wurden. Seit 2015 gehören „The Missions" zum Unesco-Welterbe. Außerdem stehen sie unter der Verwaltung des National Park Service.

Dabei haben wir die erste Station quasi bereits hinter uns gebracht, denn auch die Alamo-Kirche wird zu diesen Missionen gerechnet.

Nun steuern wir die "Mission Concepcion" an, mit vollem Namen „Mission Nuestra Señora de la Purísima Concepción de Acuña".

Mission Concepcion

Die Mission wurde 1716 im heutigen Ost-Texas gegründet und war eine von sechs von der Regierung genehmigten Missionen, die quasi als Puffer gegen einen französischen Angriff aus Louisiana auf das ursprünglich spanische Territorium dienten. Die

Mission wurde von spanischen Franziskanermönchen gegründet. 1731 wurde sie dann an den heutigen Standort bei San Antonio verlegt. Die Bauzeit der ersten Kirche betrug ungefähr 15 Jahre, die Einweihung fand 1755 statt. Viele Bestandteile des heutigen Gebäudes stammen noch aus dieser Zeit. Auch die Deckenfresken sind noch original, wenn auch verblasst.

Wir entnehmen dem Faltblatt, das wir am Eingang mitgenommen haben, dass diese Missionen nicht nur als Wohn- und Arbeitsorte der Mönche dienten, sie beherbergten immer auch indigene Bewohner und Soldaten; alle gemeinsam lebten hier ihren Alltag. Ziel der Missionare war dabei natürlich, die indigene Bevölkerung zum christlichen Glauben zu bekehren, sicher nicht immer nur mit den Worten der Bibel.

Während wir uns in der Kirche, in der heute noch regelmäßig Messen stattfinden, umschauen, gesellt sich ein Priester zu uns, der sichtlich erfreut ist, dass sich auch deutsche Touristen für seine Kirche interessieren.

Er erklärt uns einige der sakralen Gegenstände am Altar, die noch aus der Anfangszeit der Kirche stammen, und wie sie von den Mönchen dazu benutzt wurden, den Ureinwohnern auf simple, für sie verständliche Art zum Beispiel die christliche Dreifaltigkeit zu erklären.

Dann führt er uns vor ein an der Wand hängendes, offensichtlich sehr altes Gemälde, das einen Heiligen darstellt. Das Bild ist im Laufe der Jahrhunderte sehr nachgedunkelt.

Der Priester fordert uns auf, es genau zu betrachten, denn es sei noch eine zweite Figur auf dem Bild dargestellt. Wer sie erkenne, sei gesegnet und würde zukünftig viel Glück erfahren. Wir betrachten das Gemälde sehr intensiv und entdecken schließlich, versteckt im Faltenwurf der Kutte des Heiligen, eine Frauengestalt, wohl eine Nonne. Der Priester gratuliert uns und verabschiedet uns mit seinem Segen, bevor er sich anderen Besuchern zuwendet. Auch diesen erläutert er mit großem Eifer ‚seine' Kirche.

Das Heiligenbild in der Missionskirche

Wir schlendern noch einige Zeit über das Außengelände, dann geht es zurück zum Auto. Mit diesem fahren wir knapp 10 Minuten. Unser nächster Halt ist die „Mission San José". Wir parken unser Fahrzeug auf dem Parkplatz des Besucherzentrums, das vom National Park Service betrieben wird, so dass die Mitarbeiter die typische Ranger-Kleidung tragen. Hier gibt es natürlich auch den unvermeidlichen Souvenirshop. Den heben wir uns allerdings für den Schluss unseres Besuches auf.

Zunächst gehen wir auf das weitläufige Gelände rund um die alte Missionskirche.

Mission San José

Mission San José ist auch bekannt als "Königin der Missionen", denn sie ist die größte der Missionen im Umkreis von San Antonio. Sie wurde 1720 von einem Franziskanermönch gegründet und in den 30er Jahren des letzten Jahrhunderts in ihrer ursprünglichen Form wiederhergestellt. Auf dem großen Areal finden sich rund um einen großen freien Platz Unterkünfte der hier damals lebenden Mönche, indigenen Familien, Soldaten und Händler. In einem hinter der Kirche gelegenen Bereich gibt es eine alte Getreidemühle mit Getreidespeicher.

Das alles erkunden wir, bevor wir die Kirche betreten.

Der Bau der Kalksteinkirche mit ihrer besonderen spanischen kolonialen Barockarchitektur und der Statuen begann 1768 -

dem Höhepunkt der Entwicklung dieser Mission. Zu dieser Zeit lebten hier unter anderem 350 Ureinwohner in 84 Zwei-Zimmer-Wohnungen.

Ziel der Mission war es, indigene Jäger und Sammler in katholische, steuerzahlende Untertanen des spanischen Königs umzuwandeln. Die einheimischen Familien kämpften um ihr Überleben, ihre Lebensumstände änderten sich radikal und es blieb ihnen häufig nichts anderes übrig, als Zuflucht in den Missionen zu suchen. Damit begann für sie ein vollkommen neues Leben, mit veränderter Ernährung, Sprache, Kleidung, Religion, Kultur; selbst ihre Namen wurden geändert. In den 104 Jahren des Bestehens dieser Mission wurden hier über 2000 Ureinwohner christlich getauft. Es macht uns nachdenklich, denn viele dieser Veränderungen müssen heute in unserer Zeit auch die Millionen von Flüchtlingen durchleben.

Wir betreten die Kirche durch das mit Statuen von Heiligen geschmückte Portal.

Der Innenraum ist hell und groß und es ist unverkennbar, dass diese Kirche noch heute für Messen genutzt wird. Mehrere Reihen von Kirchenbänken laden die Gläubigen zum Verweilen ein. An der Stirnseite gibt es einen großen Altar. Einige kleine Seitenkapellen sind ebenfalls vorhanden.

Dem Infoblatt, das wir im Besucherzentrum mitgenommen haben, entnehmen wir, dass in der Vergangenheit die farbenfrohen Fresken und die aufwändigen Steinarbeiten, die wir als Touristen heute hier in dieser Kirche bewundern können, einen durchaus funktionalen Zweck hatten. Die dargestellten Symbole sollten der indigenen Bevölkerung den Katholizismus und die spanische Kultur vermitteln.

Nachdem wir alles umfassend besichtigt haben verlassen wir das Gebäude wieder und betrachten das in die Seitenwand eingelassene sogenannte Rosenfenster. Dessen Schöpfer und die Bedeutung dieses Fensters stellen Historiker noch immer vor ein Rätsel. Die Legende schreibt die Schaffung des Fensters Pedro Huizar zu, einem Zimmermann und Vermesser aus Spanien, der das Fenster als Denkmal für seine Liebste Rosa geschnitzt haben soll. Tragischerweise war Rosa auf ihrem Weg von Spanien zu ihm nach Amerika ertrunken. So erschuf Pedro das Fenster als Zeichen seiner ewigen Liebe zu ihr. Eine weniger romantische, aber wahrscheinlichere Theorie ist, dass das Fenster nach Saint Rose von Lima, dem ersten Heiligen der Neuen Welt, benannt wurde. Wir beschließen, die Liebeslegende als Erklärung anzunehmen, ist doch viel romantischer.

Rosenfenster der Mission San José

Der Platz vor der Kirche liegt im prallen Sonnenschein, als wir wieder ins Freie treten. So schlendern wir in den von großen Bäumen beschatteten Bereich hinter der Kirche und besichtigen die Getreidemühle und den Kornspeicher.

Anschließend begeben wir uns langsamen Schrittes wieder zurück zum Besucherzentrum, wo wir (natürlich) im Souvenirshop stöbern. Als auch das erledigt ist, besteigen wir unser Auto und machen uns auf zur nächsten Mission.

Nach gut 10 Kilometern Fahrt erreichen wir die Mission Espada.

Die Mission San Francisco de la Espada wurde 1690 andernorts in Texas gegründet und 1731 an ihren jetzigen Standort bei San Antonio verlegt. Auch in dieser Mission lebten Mönche, indigene Familien und Soldaten.

Das Besondere an dieser Mission ist das Espada-Aquädukt, das 1745 von den Franziskanern erbaut wurde, um die Mission und die Umgebung mit Wasser zu versorgen. Teile davon sind heute noch erhalten, befinden sich aber gut 3 Kilometer von der Mission entfernt. Angesichts der warmen Temperaturen verzichten wir auf den Spaziergang dorthin und begnügen uns mit der Besichtigung der Missionskirche.

Missionskirche San Francisco de la Espada

Diese ist im Vergleich zu den beiden zuvor besichtigten Kirchen recht klein und die Innenausstattung unterscheidet sich auch nicht allzu sehr von den anderen. So sind wir relativ schnell wieder draußen. Da die umliegenden Anlagen in keinem sehr guten Erhaltungszustand sind, ist unser gesamter Aufenthalt in dieser Mission nur von recht kurzer Dauer.

Als wir wieder im Auto sitzen, überlegen wir, was wir mit der gewonnenen Zeit anstellen können, da uns nach weiteren Kirchen und Missionsanlagen nicht wirklich der Sinn steht.

Unser Navi hilft schnell bei der Entscheidung. Auf Anfrage weist es uns den Weg zu einer Einkaufsmall, allerdings am entgegengesetzten Ende von San Antonio. Doch das stört uns nicht und die knapp 23 Kilometer bis zur North Star Mall legen wir zügig zurück. Geparkt ist schnell - und wir stürzen uns ins Einkaufsgetümmel. Während der nächsten zwei Stunden durchstöbern wir die Angebote von Macy's, Saks Fifth Avenue, American Eagle, etc., teils mit Erfolg.

Es ist bereits früher Abend, als wir unsere „Einkaufsbeute" und uns selbst wieder im Auto verstauen. Wir beschließen, den spürbaren Hunger mit einem Abendessen im Hard Rock Café am River Walk in der Innenstadt zu bekämpfen.

Ein Parkplatz in unmittelbarer Nähe ist schnell gefunden, allerdings gibt es bei unserem Eintreffen im Restaurant keinen freien Tisch, die Wartezeit beträgt ca. 20 Minuten. Man reicht uns einen Pager, der uns mit einem Signalton informieren wird und wir nutzen die Zeit, um im Shop des Hard Rock Cafés ein paar Souvenirs zu erstehen.

Das Timing ist perfekt, kaum haben wir bezahlt, meldet sich unser Pager und nur wenige Minuten später sitzen wir am Tisch. Das Personal ist sehr freundlich, das Servieren geschieht zügig und das Essen ist reichlich und lecker.

Schließlich machen wir uns zufrieden und satt auf den Weg zurück zum Hotel und genießen dort noch eine Weile die laue Abendluft.

6. Tag: Mittwoch, 05. Oktober 2022

Nach einem entspannten Schlaf reißt uns der Wecker relativ früh am Morgen aus unseren Träumen. Unsere Reise geht heute weiter, das Ziel ist Fort Stockton. Doch zunächst genießen wir noch einmal das Frühstück im La Quinta Inn, anschließend packen wir, beladen das Auto und checken aus. Laut Navi liegen ungefähr 480 Kilometer vor uns, immer in westlicher Richtung auf der I-10. In Fort Stockton haben wir Unterkunft im Quality Inn am US Highway 285 gebucht. Das Wetter meint es erneut gut mit uns und die Strecke ist nicht allzu stark befahren, so dass wir gut vorankommen.

Nach knapp 100 Kilometern fahren wir bei Kerrville von der I-10 ab, um zu tanken. In der Nähe erspähen wir einen „Dollar Tree", das Pendant zu unseren Ein-Euro-Shops. Da Halloween kurz bevorsteht, statten wir dem Geschäft einen kurzen Besuch ab, in der Hoffnung, eventuell ein paar preisgünstige Dekoartikel zu ergattern - und wir haben Glück. Für kleines Geld bereichern wir unser Gepäck.

Auf den nächsten 170 Kilometern geht es ohne Unterbrechung weiter auf der I-10. Die Landschaft rechts und links bietet nicht viel Abwechslung. Doch dann weist ein Schild am Straßenrand auf die „Caverns of Sonora" hin. Da uns diese nicht bekannt sind, sehen wir im Internet nach, ob sich der Abstecher lohnt.

Wir erfahren, dass es sich um eine große Tropfsteinhöhle handelt, die bekannt ist für ihre außergewöhnlichen Calci-Kristall-formationen. Der Entdecker der Höhle soll nach seinem ersten Besuch dort gesagt haben, dies sei „die unbeschreiblich schönste Höhle der Welt, ihre Schönheit kann nicht beschrieben werden, nicht einmal von einem Texaner."

Das klingt nach einem lohnenswerten Ziel und so fahren wir von der I-10 ab und folgen den Hinweisschildern zur Höhle. Unterwegs allerdings überkommen uns arge Zweifel, ob wir auf dem richtigen Weg sind, denn der Weg führt durch eine menschenleere Einöde und irgendwann wird die Straße zu einem Schotterweg.

Dieser führt nicht ins Nirgendwo, sondern endet an einem großen unbefestigten Parkplatz, der vor einem einsamen Gebäude liegt. Alles sieht etwas heruntergekommen aus und außer uns sind jetzt, am frühen Nachmittag, keine Besucher hier.

Wir steigen aus und gehen zu dem Haus, das sich als „Welcome Center" und Souvenirshop erweist. Ein Schild weist darauf hin, dass für Besucher geöffnet ist. Wir treten ein - und sind allein. Niemand ist zu sehen. Wir machen uns mit Rufen bemerkbar, doch nichts rührt sich. Wir warten noch kurze Zeit, doch offensichtlich hat niemand unsere Ankunft bemerkt. Enttäuscht gehen wir schließlich wieder zu unserem Auto und fahren zurück zur I-10, die uns unserem Ziel Fort Stockton mit jedem Kilometer näher bringt.

Am Ende sind es gut 200 Kilometer und wir parken gegen 16:30 Uhr vor dem Quality Inn in Fort Stockton.

Das Einchecken ist wieder einmal reibungslos, allerdings liegt unser Zimmer im 1. Stock und es gibt keinen Aufzug. So ist der Weg mit den Koffern etwas mühselig, doch wir bewältigen auch das.

Nach einer Erholungspause, einer Dusche (und einer Zigarette für mich) überlegen wir, was wir mit dem Rest des Tages anfangen. Fort Stockton ist eine Kleinstadt mit knapp 9000 Einwohnern und kann nicht wirklich mit Sehenswürdigkeiten aufwarten. Auch wir haben diesen Ort eigentlich nur als Zwischenstopp auf unserer Fahrt westwärts gewählt.

Allerdings stellen wir fest, dass es durchaus möglich ist, von hier einen Abstecher von knapp 180 Kilometern südwärts zum Big Bend Nationalpark zu machen, der an der Grenze zu Mexiko liegt. So beschließen wir, am nächsten Tag früh aufzubrechen, zum Big Bend zu fahren und anschließend dann unsere Tour nach Carlsbad, dem nächsten Stopp unserer Reise, fortzusetzen. Den Tag in Fort Stockton beenden wir schließlich mit dem Besuch eines WalMart Supercenters und dem Essen einer leckeren Pizza in einer nicht weit vom Motel entfernten Pizza Hut Filiale.

7. Tag: Donnerstag, 06. Oktober 2022

Wie geplant, checken wir, gestärkt mit einem guten Frühstück, früh aus dem Quality Inn aus, um zum Big Bend zu fahren. Am Stadtrand von Fort Stockton entdecken wir dann die Überreste des alten Forts, das der Stadt ihren Namen gab und heute ein Museum ist. Es ist zwar klein, aber recht interessant. Für den Rundgang durch die noch erhaltenen Gebäude benötigen wir knapp 30 Minuten.

Gemeinschaftsunterkunft im früheren Fort Stockton

Dann geht's wieder weiter mit dem Auto. Die Fahrt führt über die US 328, eine zweispurige Landstraße durch wenig besiedeltes Land. Rechts und links erstrecken sich endlose graubraune Weiden, auf manchen grasen Longhorn-Rinder. Hin und wieder weist ein Briefkasten an einer Wegeinmündung darauf hin, dass hier Menschen leben, wahrscheinlich in großen Ranchhäusern.

Manche Wege sind mit den typischen Holz-Namensschildern der Ranches versehen. Zwischendurch sehen wir auch vereinzelte Ölförderpumpen. Hier ist Texas so, wie man es sich vorstellt.

Im Ort Marathon, der einzigen größeren Ansiedlung in dieser Gegend, biegen wir links ab, dann geht es weiter immer in südlicher Richtung, bis wir schließlich den Eingang zum Nationalpark Big Bend erreichen.

Am Eingang des Big Bend National Park

Der Park ist nach einer großen Flussbiegung des Rio Grande benannt, der über eine weite Strecke auch die Grenze zwischen den USA und Mexiko bildet. Der Park ist 3.200 Quadratkilometer groß und somit einer der größten Nationalparks der USA. Es wird behauptet, dass man nachts den Park mit bloßem Auge aus dem Weltall erkennen könne, da er sich als riesiger schwarzer, unbeleuchteter Fleck darstellt. Deswegen wurde er 2012 als Lichtschutzgebiet anerkannt und nennt sich seither auch Big Bend International Dark Sky Park. Außerdem wurde er von der Unesco zum Biosphärenreservat erklärt.

In den Park einbezogen ist auch ein Teil der Chihuahua-Wüste mit extremem Klima, 40°C und mehr sind im Sommer keine Seltenheit.

Laut der Info-Broschüre des National Park Service gibt es im Big Bend insgesamt über 1200 Pflanzenarten und 3.600 Insektenarten. Auch die Wirbeltiere sind mit 40 Fischarten, 11 Amphibienarten, 56 Reptilienarten, 75 Säugetierarten und 450 Vogelarten reichhaltig vertreten. Damit ist dieser Nationalpark der artenreichste der USA.

Außerdem wurden im Park Relikte menschlicher Siedlungen gefunden, die bis zu 9000 Jahre alt sind. Ferner wurden zahlreiche Fossilien aus der Kreidezeit entdeckt, darunter die Reste mehrerer Skelette des größten bisher bekannten Flugsauriers.

So steuern wir im Park als erstes den „Fossil Discovery Exhibit" an, wo ein Modell dieses Flugsauriers in voller Größe ausgestellt ist. Daneben gibt es viele Informationen über die Ausgrabungen und Funde sowie weitere fossile Modelle.

Vor allem aber gibt es hier eine Toilette, die wir dringend aufsuchen müssen.

Im Wortsinn erleichtert setzen wir unsere Tour durch den Park fort, wobei wir die Hauptrouten zu den insgesamt 3 Besucherzentren abfahren und unterwegs die Hauptsehenswürdigkeiten des Parks besuchen: den Santa Elena Canyon, die Chisos Mountains, Rio Grande Village und den Rio Grande, wo unweit des dortigen Parkplatzes mexikanische Töpferwaren und Handarbeiten zum Kauf ausgebreitet liegen. Verkäufer sind nicht zu sehen.

„Warenangebot" am Rio Grande

Wir zeigen jedoch bewusst kein Interesse für die Waren, denn man hat uns gewarnt. Versteckt am Flussufer sollen sich mexikanische illegale Einwanderer aufhalten, die darauf hoffen, eine Gelegenheit zu bekommen, versteckt in einem Auto weiter nach Texas hineinzugelangen. Ob es stimmt... wir wissen es nicht. Dennoch ziehen wir es vor, die Waren nur aus einiger Entfernung zu fotografieren.

Außerdem stellen wir hier fest, dass der Name „Rio Grande" (großer Fluss) für das schmale Flüsschen, auf das wir hier blicken, leicht übertrieben scheint. Aber die geringe Wassermenge ist offensichtlich einer lang anhaltenden Trockenperiode geschuldet, die sich hier im gesamten Nationalpark zeigt, überall dominieren graubraune Töne, selten treffen wir auf grüne Pflanzen.

Santa Elena Canyon

Die verschiedenen Landschaften im Big Bend sind wirklich überwältigend, sei es die Wüste oder die bis zu 2.500 Meter hohen Berge. Überall kann man anhalten und neue interessante Ausblicke genießen.

Fast schon Hochgebirge im Big Bend

So merken wir gar nicht, wie die Zeit verrinnt und wir haben auch vergessen, dass wir am heutigen Tag vom Park aus noch 400 Kilometer bis nach Carlsbad fahren müssen. Als uns dies schließlich intensiv bewusst wird, ist es bereits kurz vor 16 Uhr nachmittags. Obwohl die Zeit somit drängt, verzichten wir nicht auf einen letzten schnellen Stopp im Visitor Center, erwerben ein paar Souvenirs und machen uns dann, ohne im National- park noch einmal anzuhalten, auf den Rückweg.

Die Fahrt zurück führt über die gleiche Route, über die wir in den Park hineingefahren sind. Als wir Marathon erreichen, wird es bereits dunkel. Das liegt allerdings nicht nur an der herbstli- chen Jahreszeit, sondern auch daran, dass dunkle Regenwolken aufziehen. Wir legen sicherheitshalber einen Tankstopp ein, in der Hoffnung, dann zügig bis Carlsbad durchfahren zu können.

Nach wenigen Kilometern Weiterfahrt erreichen wir eine Stra- ßenverengung mit einem Kontrollpunkt der Polizei. Ganz offen- sichtlich dient die Kontrolle dazu, illegale Einwanderer zu fin- den, die sich in den Fahrzeugen versteckt haben könnten. Wir sind gezwungen, im Schritttempo zu fahren und am Kontroll- häuschen zu stoppen. Die Officers werfen einen prüfenden Blick in unseren Wagen, lassen uns aber ohne weitere Kontrolle wei- terfahren.

Bei der Weiterfahrt kommt es, wie es kommen muss. Es wird schnell stockdunkel und der Regen strömt vom Himmel. Da die zweispurige Straße nicht beleuchtet ist und sich kaum andere Fahrzeuge auf der Strecke befinden, wird das Fahren wirklich unangenehm und wir drosseln die Geschwindigkeit. So dauert die Fahrt doppelt so lange wie vorgesehen. Allein für die 150 Ki- lometer bis Fort Stockton benötigen wir dreieinhalb Stunden! Wir verspüren Hunger und Müdigkeit und fassen den Ent- schluss, auf die Weiterfahrt nach Carlsbad zu verzichten, denn dort würden wir sicher erst mitten in der Nacht ankommen.

Stattdessen entscheiden wir uns, wieder zum Quality Inn zu- rückzufahren, in der Hoffnung, dort ein Zimmer für die kom- mende Nacht zu bekommen. Doch unerbittlich verlangt der Kör- per nach seinem Recht und wir steuern zuerst das kurz hinter dem Hotel liegende Burgerrestaurant mit dem goldenen M an. Selten haben Burger, Pommes und ein Kaltgetränk so gut ge- schmeckt.

Gestärkt fahren wir dann zum Quality Inn und bekommen problemlos ein Zimmer für die kommende Nacht, diesmal sogar im Erdgeschoss, so dass wir uns nicht noch mit unserem Gepäck quälen müssen. Überraschenderweise ist der Preis für diese nicht geplante Übernachtung sogar günstiger als der, den wir beim Vorbuchen des Hotels gezahlt haben.

Vom Zimmer aus rufen wir das Hotel in Carlsbad an, wo wir ursprünglich für die kommenden zwei Nächte gebucht haben und erklären, dass wir die Reservierung für die kommende erste gebuchte Nacht leider stornieren müssen, aber am nächsten Tag anreisen und die Reservierung für die zweite Nacht nutzen werden. Die Dame am Telefon hat Verständnis und erklärt, dass die Stornierung ohne Probleme möglich ist und man sich freue, uns dann am nächsten Tag als Gäste begrüßen zu dürfen.

So fallen wir schließlich ziemlich müde und geschafft ins Bett und schlafen auch sehr schnell ein.

8. Tag: Freitag, 07. Oktober 2022

Der Morgen beginnt wieder mit der bereits üblichen Routine, bestehend aus Aufstehen, Duschen, einer Zigarette für mich, Frühstück, Auto beladen, Auschecken und Losfahren.

Da die Strecke nach Carlsbad, unserer nächsten Station, die aber bereits in New Mexico liegt, nur knapp 230 Kilometer beträgt, lassen wir uns aber etwas mehr Zeit, um das Frühstück zu genießen. Um 10 Uhr morgens geht es dann los auf dem US Highway 285 Richtung Norden. Die kommende Nacht werden wir im Stevens Inn an der South Canal Street in Carlsbad verbringen. Da wir aufgrund der Ereignisse am Vortag dort nur eine Nacht verbringen werden, planen wir bereits unterwegs den Verlauf unseres Aufenthaltes in Carlsbad.

Wir haben Carlsbad als Stopp vorgesehen, um dort die Carlsbad Caverns zu besuchen, ein großes Tropfsteinhöhlensystem, in dem auch eine Million Fledermäuse leben.

Carlsbad selbst, eine Stadt mit ungefähr 30.000 Einwohnern am Pecos River in New Mexico, hat sonst nicht allzu viel Sehenswertes zu bieten. Die Stadt wurde 1888 gegründet und hieß ursprünglich „Eddy". Dann wurden dort jedoch Mineralquellen entdeckt und touristisch vermarktet, daraufhin wurde die Stadt in Anlehnung an den berühmten tschechischen Kurort Karlsbad umbenannt. Doch die meisten Touristen, so wie wir auch, kommen wegen der Höhle hierher.

Wir entscheiden uns, direkt in den Nationalpark zu fahren, in dem die Höhle liegt, und dann erst am Abend das Hotel anzusteuern.

Die Fahrt auf dem Highway ist relativ langweilig, die Strecke führt durch große Ölfelder, entlang an Raffinerien, dann geht es wieder kilometerweit durch Einöde.

Irgendwann überqueren wir mitten im Niemandsland die Staatengrenze nach New Mexico, doch ein Welcome Center sehen wir nirgends. Bei Malaga biegen wir links ab, Richtung Westen auf der US 720, die schließlich rechtwinklig auf den National Parks Highway, die US 180, trifft, auf die wir links abbiegen. Bei Whites City geht es schließlich rechts ab zum Carlsbad Cavern National Park.

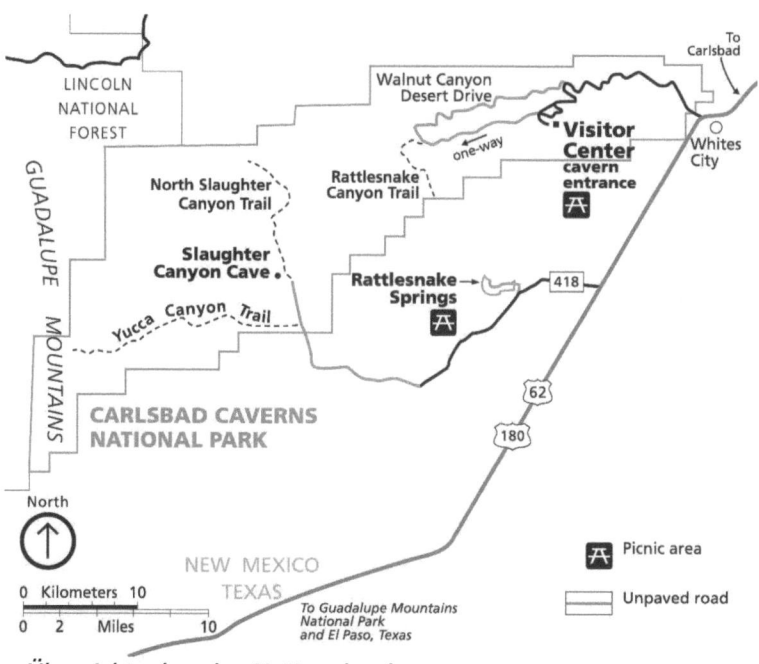

Übersichtsplan des Nationalparks

Der Weg führt über eine schmale Panoramastraße mit unzähligen Windungen und teils sehr schönen Ausblicken auf die karge Felslandschaft des Parks. Ein Stopp im Walnut-Canyon ist ein Muss und wir machen einen kleinen Spaziergang. Dabei treffen wir auf andere Besucher, die offensichtlich mehrtägige Wanderungen in diesem Gebiet unternehmen, denn sie sind mit reichlich Gepäck auf ihren Rücken beladen.

Die Straße endet am Parkplatz des Visitor Centers. Das Wetter ist kühler geworden und wir ziehen unsere Jacken über, zumal es auch in der Höhle kühler als in der freien Natur sein soll.

Am Visitor Center

Im Visitor Center gibt es nicht nur Ausstellungen und umfangreiche Informationen zum Park, den Höhlen und den Fledermäusen. Hier befinden sich auch ein Restaurant und der unvermeidliche Giftshop. Vor allem aber gibt es hier die Eintrittskarten und den Zugang zur großen Höhle. Es herrscht großer Besucherandrang. Da die Eintrittskarten für die Höhle zeitabhängig ausgegeben werden, fürchten wir schon, dass wir lange warten müssen, um in die Höhle hineingehen zu können. Doch wir haben Glück. An der Kasse bekommen wir Tickets, die für einen sofortigen Eintritt in die Höhle gelten. Wir zahlen 15 Dollar pro Person und dann geht es schon los.

Im Carlsbad Caverns Nationalpark gibt es insgesamt 83 einzelne Höhlen, darunter auch die bekannteste und größte, die wir nun besichtigen wollen. Darin ist einer der größten unterirdischen Räume, die weltweit bekannt sind.

Dabei ist die Erforschung der Höhle noch immer nicht abgeschlossen. Der zweitgrößte Raum der Höhle, der Guadalupe-Raum, wurde beispielsweise erst 1966 entdeckt, der Bifrost-Raum 1982 und die Chocolate High sogar erst 1993.

Im gesamten Höhlenbereich gibt es unzählige Kalksteinformationen, Stalagmiten und Stalaktiten, die in Millionen von Jahren von der Natur geschaffen wurden.

Der Nationalpark wurde im Mai 1930 gegründet und 1995 zum Unesco-Weltnaturerbe erklärt. Das gesamte Gebiet des Parks umfasst 189 Quadratkilometer.

Dem Infoblatt des National Park Service entnehmen wir, dass die Höhle sehr gut ausgebaut ist. Der Zugang erfolgt durch den natürlichen Eingang, den wir nun ansteuern. Er führt uns vorbei am natürlichen Amphi-Theater. Jeden Abend versammeln sich hier mit Anbruch der Dunkelheit zahlreiche Zuschauer, um das Ausfliegen der Fledermäuse zu beobachten. Wir haben die feste Absicht, das am Abend ebenfalls zu tun.

Bei den Bewohnern der Höhle handelt es sich um mexikanische Bulldoggfledermäuse, deren Zahl aber aufgrund langanhaltender Trockenheit und somit reduzierter Nahrung - die Fledermäuse ernähren sich von Insekten - in den letzten Jahren zurückgegangen ist. Man hat festgestellt, dass sich die Fledermäuse bei knappem Nahrungsangebot andere Sommerreviere suchen.

Tagsüber hängen die Fledermäuse dicht gedrängt an der Decke der Bat Cave, einer Seitenhöhle nahe des natürlichen Eingangs. Dieser Teil der Höhle ist für den Publikumsverkehr gesperrt und nur Forschern zugänglich. Die Bat Cave ist eine wettersichere Unterkunft und vor allem der Aufzuchtort für den Nachwuchs der Fledermäuse, die alljährlich von Mexiko hierherkommen und im Juni ihre Jungen zur Welt bringen. Wenn die Mütter nachts nach Nahrung suchen, bleiben die Jungen in der Höhle. In den Sommermonaten unternehmen sie ihre ersten Flugversuche, im Herbst geht es dann für alle zurück nach Mexiko.

Schon bevor wir nach knapp 10 Minuten Fußweg den natürlichen Eingang der Höhle erreichen, zu dem ein in Serpentinen angelegter befestigter Pfad hinunterführt, merken wir die Anwesenheit der unzähligen Fledermäuse unmittelbar - es stinkt. Also atmen wir möglichst flach und gehen den Weg hinein in die Dunkelheit.

Der natürliche Eingang zur Höhle

Es ist tatsächlich sehr dunkel in der Höhle, es gibt nur sehr spärliche Beleuchtung. Das ist für mich etwas schwierig, da ich nachtblind bin. So lasse ich meine Reisegefährten voraus gehen und folge ihnen vorsichtig. An besonders dunklen Stellen benutze ich kurzzeitig die Taschenlampe meines Handys und so bewältige ich die Strecke unfallfrei. Und es lohnt sich wirklich, die Höhle zu besichtigen. Die Größe und die Vielfalt der Formationen ist gewaltig, an jeder Biegung gibt es Neues zu entdecken. Die Formen lassen der Fantasie jeden möglichen Spielraum. Auch die Wandmalereien der Ureinwohner, die in der Frühzeit die Höhle bewohnten, sind beeindruckend.

Impressionen aus der Carlsbad Cavern

Impressionen aus der Carlsbad Cavern

Während wir immer wieder neue Ausblicke und Formationen bestaunen, merken wir gar nicht, dass wir auf diesem Weg insgesamt eine Strecke von 2 Kilometern und einen Höhenunterschied von 229 Metern zurücklegen.

In der Carlsbad Cavern

Nach ungefähr 90 Minuten erreichen wir schließlich die große Halle, wo es nicht nur Toiletten und Erfrischungsstände gibt, sondern auch einen Fahrstuhl, der die Besucher wieder nach oben direkt ins Visitor Center bringt. Während meine Begleiter noch einen weiteren Teil der Höhle erkunden wollen, entscheide ich mich für den Weg nach oben. Wir vereinbaren, uns draußen vor dem Visitor Center wiederzutreffen.

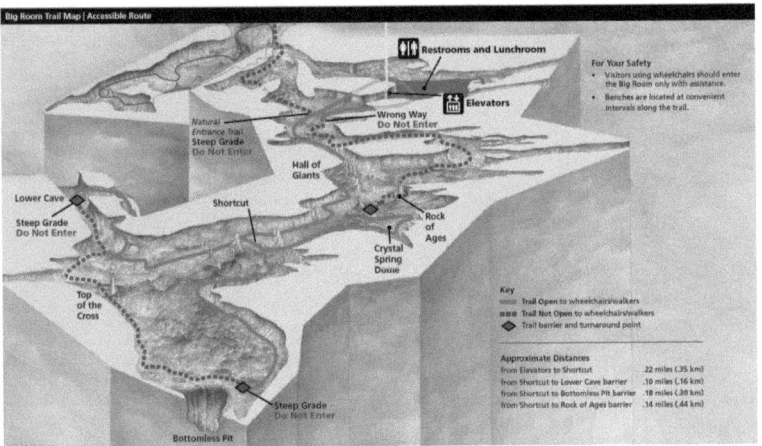

Übersichtskarte der Höhle

Oben angekommen trete ich ins Freie und gönne mir eine Zigarette. Ein Blick zum Himmel verheißt nichts Gutes - über der weiten Ebene, die man von hier überblicken kann, ziehen schwarze Wolken auf. Und die sind sehr schnell. Noch bevor ich mich unter das Vordach des Gebäudes flüchten kann, prasseln dicke Tropfen vom Himmel, Donnergrollen kündigt ein Gewitter an.

Doch so schnell wie es gekommen ist, verzieht sich das Unwetter auch wieder und schon bald strahlt die Sonne erneut durch die Wolken. Als meine Reisegefährten zurückkommen begeben wir uns auf eine schnelle Tour durch den Souvenirshop, machen einen kurzen Stopp in den Restrooms und gehen dann zurück zum Auto. Es ist bereits später Nachmittag und da wir uns bei Einbruch der Dämmerung den Ausflug der Fledermäuse aus der Höhle ansehen wollen, entscheiden wir uns dafür, noch etwas durch den Park zu fahren, einen Stopp in Whites City einzulegen und dann wieder hierher zurückzukehren.

So machen wir es auch. Dabei gestaltet sich der Bummel durch Whites City wider Erwarten recht kurz, denn hier gibt es nicht allzu viel zu sehen, einige der Shops haben sogar bereits geschlossen.

Schnell ist es Zeit, zum Visitor Center zurückzufahren. Wir gehen den uns bereits bekannten Weg zum Amphitheater vor dem natürlichen Höhleneingang und haben Glück, noch Plätze zu ergattern. Es ist sehr gut besucht, alle wollen die Fledermäuse sehen.

Ein junger Ranger tritt ans Mikrofon und hält einen launigen einführenden Vortrag über die Fledermäuse und das, was die Besucher hier erwartet - das gleichzeitige Ausfliegen einer Million Fledermäuse aus der Höhle.

Doch dieses Schauspiel bleibt uns verwehrt. Nicht nur der Ranger, auch wir und die anderen Besucher werfen immer wieder besorgte Blicke zum Himmel, wo erneut dicke schwarze Wolken am Horizont aufziehen. Und leider kommt es wie es kommen muss - über das Mikrofon fordert der Ranger alle Besucher auf, wegen des aufziehenden Unwetters sofort, aber ruhig und bedacht, das Amphitheater zu räumen. Der weitere Aufenthalt hier sei zu gefährlich.

Enttäuscht begeben wir uns zurück zum Auto, während bereits die ersten Tropfen fallen. Als wir im Wagen sitzen, fällt der Regen in Strömen, es blitzt und donnert schlimmer als am Nachmittag. Trotz der Enttäuschung haben wir volles Verständnis für die Entscheidung, die Besucher wegzuschicken.

So fahren wir im langen Konvoi der anderen Besucher hinaus aus dem Park und in Richtung unseres Hotels. Unterwegs suchen wir nach einer Futterquelle für uns und stoßen auf ein

Denny's. Wir bekommen einen Tisch und lassen uns Burger und Pommes schmecken. Als wir bezahlen wollen, fragt die junge Dame an der Kasse freundlich nach unserem Alter, denn es gäbe aktuell eine Preisrabattaktion für Senioren. Davon machen wir natürlich gerne Gebrauch.

Es ist schließlich 21 Uhr, als wir das Stevens Inn in der South Canal Street in Carlsbad erreichen. Das Wetter hat sich wieder beruhigt, von Regen, Gewitter und Sturm keine Spur mehr. Das Einchecken klappt problemlos und wir bekommen einen Übersichtsplan des Motels in die Hand gedrückt, auf dem unser Zimmer markiert ist. Wir merken schnell, dass das notwendig ist, denn das Motel umfasst ein sehr großes Gelände mit mehreren langgestreckten Häuserblöcken. Doch dank des Plans finden wir unser Zimmer schnell. Es befindet sich im Erdgeschoss und wir können direkt vor der Tür parken. So ist das Gepäck schnell im Zimmer verstaut und wir lassen den Abend gemütlich ausklingen, bevor wir dem nächsten Tag entspannt entgegen schlafen.

9. Tag: Samstag, 08. Oktober 2022

Der Weg zum Frühstücksraum entwickelt sich zu einem kleinen Spaziergang, denn jetzt bei Tageslicht sehen wir, dass das Motelgelände noch viel größer ist als wir am Vorabend vermuteten. Doch das Wetter ist wieder trocken und warm, so schlendern wir am recht frühen Morgen gemütlich zum Hauptgebäude. Das Frühstück ist reichhaltig, der Kaffee schmeckt.

Gestärkt machen wir uns gegen 9:30 Uhr auf den Weg, um die nächste Etappe unserer Reise zu bewältigen, die uns heute 400 Kilometer weit in nordwestlicher Richtung nach Albuquerque führt. Dort werden wir in den kommenden zwei Nächten im SureStay by Best Western Albuquerque Midtown in der Candelaria Road schlafen.

Auf den Aufenthalt in Albuquerque freuen wir uns besonders, denn dort erwartet uns eines der Highlights dieser Reise. Als wir noch zuhause bei der Planung der Strecke feststellten, dass ein Besuch des schon seit 1972 jährlich stattfindenden weltgrößten Ballonfahrertreffens in den Zeitplan unserer Tour passt, haben wir vorab Tickets für das so genannte „Night Glowing" an diesem Samstagabend gebucht. Die Gelegenheit, uns dieses

Schauspiel aus der Nähe anzusehen, wollten wir uns auf keinen Fall entgehen lassen.

Doch zuvor gilt es, die nächsten Stunden auf dem US Highway 285 N zu bewältigen. Nach einem kurzen Halt an einem Supermarkt, um unsere Getränkevorräte aufzufüllen, verläuft die Fahrt zügig. Nach 120 Kilometern und einer Fahrtzeit von gut 1,5 Stunden erreichen wir den Stadtrand von Roswell. Schon das Begrüßungsschild weist unverkennbar darauf hin, dass wir in der Stadt der UFOs und Außerirdischen sind.

Ortseingang von Roswell

Eigentlich ist Roswell nur eine typische Kleinstadt in New Mexico mit knapp 50.000 Einwohnern. Außerhalb der heutigen Stadt wurde 1865 die erste nicht-indianische Siedlung in diesem Gebiet gegründet, die aber wegen Wassermangel bald wieder aufgegeben wurde. 1869 wurden dann die ersten Häuser auf dem heutigen Stadtgebiet gebaut und diese gelten heute als Keimzelle der Stadt.

Seit den 30er Jahren gibt es in der Nähe der Stadt einen großen Luftwaffenstützpunkt.

2012 vollführte Felix Baumgartner in der Nähe von Roswell seinen legendären Sprung aus 39 Kilometern Höhe aus einer Kapsel, die unter einem Heliumballon hing.

Doch berühmt ist Roswell natürlich wegen des sogenannten „Roswell-Zwischenfalls", der im Sommer 1947 stattgefunden haben soll.

Zu der Zeit fand ein Rancher verstreute Trümmerteile auf der Foster Ranch, die etwa 100 Kilometer von Roswell entfernt liegt. Kurz darauf hörte dieser Mann Gerüchte über UFOs und informierte daraufhin den Sheriff von Roswell über seinen Fund. Der Sheriff informierte die Army-Führung auf dem Luftwaffenstützpunkt. Daraufhin untersuchten zwei Armee-Mitarbeiter die Trümmer auf der Ranch, sammelten sie ein und schickten sie für weitere Untersuchungen zum Armeestützpunkt in Fort Worth. Gleichzeitig informierte der Stützpunkt in Roswell die Lokalpresse.

Daraufhin erschien dann die örtliche Zeitung mit der Schlagzeile: „RAAF erbeutet fliegende Untertasse auf einer Ranch in der Gegend von Roswell". Das Militär habe mitgeteilt, es besitze eine „fliegende Untertasse", die auf einer Ranch gefunden worden sei. Details zu deren Konstruktion und Aussehen seien nicht mitgeteilt worden. Als einzige Bürger Roswells hätte jedoch ein Ehepaar für wenige Sekunden ein großes glühendes Objekt am Himmel beobachtet, das mit rasender Geschwindigkeit geflogen sei.

Die Meldung wurde von vielen anderen Medien aufgegriffen, so dass die Armee sich zu einer Pressekonferenz veranlasst sah und erklärte, dass es sich um Teile eines abgestürzten Wetterballons handele. Entsprechende Teile wurden den Journalisten gezeigt.

Der Rancher, der den Fund machte, behauptete jedoch weiter, dass er nicht die gezeigten, sondern andere Teile gefunden habe, die seiner Meinung nach nicht von einem Wetterballon stammen könnten.

Die Sache geriet in Vergessenheit, doch viele Jahre später griffen Journalisten die Ereignisse und Berichte wieder auf und fanden angebliche Augenzeugen, die von UFO-Trümmerteilen und sogar Leichen von Außerirdischen berichteten, die vom Militär abtransportiert worden wären zur seither berühmten Area 51.

Seitdem profitiert Roswell von der Geschichte, vor allem touristisch. Jährlich kommen tausende Besucher. Fast an jeder Ecke der Stadt wird mit UFOs und Aliens geworben, selbst die Straßenlaternen sehen aus wie Aliens.

Straßenlaterne in Roswell

Auf der Main Street, die quer durch die Stadt führt, reiht sich ein Souvenirshop an den nächsten.

Wir parken das Auto am Visitor Center und bummeln einmal die Hauptstraße hinauf und herunter und statten dem ein oder anderen Souvenirshop einen Besuch ab. Hier gibt es UFOs und Aliens in allen Größen und Variationen, aber auch unglaublich viel esoterische Dinge. Man fühlt sich fast erschlagen von dem Hype um die Außerirdischen.

Wirklich jeder macht hier Werbung mit Aliens

Dieser Einladung, hier vor der Weiterfahrt nach Albuquerque zur Stärkung noch einen Donut zu essen, können wir wirklich nicht widerstehen.

Dann geht es auf die noch verbleibenden knapp 300 Kilometer bis Albuquerque.

Kurz vor der Stadt wird es voll auf den Straßen und ein Blick auf die Uhr verrät uns, dass es knapp werden könnte mit unserem Besuch des Ballonfestivals. Unsere Tickets beinhalten auch die An- und Abfahrt mit einem Shuttle-Bus zum Festival-Gelände und der fährt um 16:45 Uhr vom Parkplatz eines großen Einkaufszentrums ab. Doch wir entscheiden uns, auf alle Fälle zuerst zum Hotel zu fahren, das wir um 16 Uhr schließlich erreichen. Beim Einchecken fragen wir die nette Dame an der Rezeption, ob sie weiß, wie weit es zu dem betreffenden Einkaufszentrum ist. Sie versichert uns, dass die Fahrt dorthin lediglich 10 Minuten dauere und so bringen wir erst einmal unser Gepäck aufs Zimmer und machen uns ein wenig frisch.

Kurz darauf starten wir wieder. Das Navi führt uns problemlos zu dem Einkaufszentrum, doch wir entdecken nirgends einen Bushaltepunkt. Allerdings sehen wir viele Leute in eine bestimmte Richtung gehen. Wir fahren weiter auf dem Gelände und behalten die Menschen dabei stets im Blick. Am anderen Ende des Zentrums sehen wir schließlich einen großen freien Bereich auf dem Parkplatz, auf dem gelbe Schulbusse stehen. Wir haben den Abfahrtpunkt gefunden! Und wir hätten uns auch gar nicht so beeilen müssen, denn angesichts der Menge an Bussen, die hier abfahrbereit stehen, erkennen wir, dass nicht nur EIN Bus um 16:45 Uhr fährt, sondern dass dies ganz offensichtlich ein Pendelverkehr ist, bei dem unzählige Busse quasi im Minutentakt zum Festivalgelände und zurück fahren.

Das Auto ist schnell geparkt und wir folgen dem Strom der Menschen zu den Bussen. Bevor wir jedoch in deren Nähe gelangen, müssen wir eine Sicherheitskontrolle passieren, doch das ist schnell und reibungslos erledigt.

Wenige Minuten später sitzen wir in einem echten typisch amerikanischen Schulbus, der zudem jetzt, kurz vor Halloween, von den Kindern im Inneren entsprechend geschmückt ist - sieht toll aus.

Der Bus fährt los, obwohl er nicht einmal voll besetzt ist. Die freundliche Fahrerin, die mich irgendwie an die Schulbusfahrerin aus „Forrest Gump" erinnert, versucht, ihre Passagiere während der Fahrt ein wenig zu unterhalten, was ihr auch gelingt. Dann fragt sie, woher die Fahrgäste kommen bzw. wer wohl die weiteste Anreise zum Festival habe. Als wir uns melden und als deutsche Touristen zu erkennen geben, haben wir gewonnen! Beim Ausstieg auf dem Festivalgelände um kurz vor 18 Uhr werden alle Passagiere freundlich gebeten, sich zu merken, dass von dieser Stelle auch der Bus zurückfährt.

Zum Schluss werden wir, die „Germans" von allen anderen Fahrgästen und insbesondere von der Fahrerin sehr freundlich verabschiedet und alle wünschen uns viel Spaß.

Nach wenigen Schritten sind wir auf dem eigentlichen Festivalgelände. Auf einem riesigen freien Feld sind schon erste Ballonfahrer dabei, ihre Ballons für den Start vorzubereiten.

Am Rand des Feldes erstrecken sich unzählige Imbiss- und Verkaufsstände, aber auch Musikbühnen und große Zelte, in denen Ausstellungen und Shows stattfinden. Auch Fahrgeschäfte und Karussells sind vorhanden. Eine riesige Kirmes mit tausenden von Besuchern!

Da es noch hell ist und das Glühen sowie der Start der Ballons erst mit einsetzender Dunkelheit erfolgen soll, haben wir noch Zeit und wir bummeln entlang der Stände und gucken Leute.

Was wir zunächst nicht machen: Wir werfen keinen Blick nach oben zum Himmel. Das tun wir erst, als wir uns dem freien Feld mit den Ballonen nähern. Aus Richtung der Innenstadt ziehen bedrohlich wirkende pechschwarze Wolken auf.

Während wir noch darüber nachdenken, ob wir uns in eines der Zelte zurückziehen sollten, um den Regenschauer, der ganz sicher kommen wird, trocken zu überstehen, kommt eine Lautsprecherdurchsage, die über das gesamte Gelände schallt: Die Besucher werden gebeten, sich ruhigen Schrittes irgendwo einen Unterstand zu suchen, da eine große Gewitterzelle auf das Gelände zusteuere. Weitere Ansagen würden folgen.

Aufziehendes Unwetter über dem Festivalgelände

Es bricht keine Unruhe aus, alle gehen gemächlich zu den Ständen und Zelten, um Schutz vor dem einsetzenden Regen zu suchen. Offensichtlich regnet es öfter während der Festivalwoche und alle, auch wir, gehen davon aus, dass das Programm wie geplant stattfinden wird.

Doch die Hoffnung trügt. Der Regen wird ziemlich heftig, Wind kommt auf und die dunklen Wolken stehen direkt über dem Festivalgelände. Und es kommt was kommen muss: Eine weitere Lautsprecherdurchsage fordert alle Anwesenden auf, unverzüglich das Festivalgelände zu verlassen. Die Veranstaltung wird abgebrochen, es ist offensichtlich zu gefährlich. Enttäuscht, aber unglaublich gelassen und geordnet, machen sich die unzähligen Besucher, auch wir, auf den Weg zu den Parkplätzen und Bushaltepunkten. Als wir unseren Haltepunkt erreichen, stellen wir fest, dass die Amerikaner in puncto Krisenmanagement durchaus erfahren sind. Ein Bus nach dem anderen rollt heran, die Besucher werden von unzähligen Helfern in verschiedene Warteschlangen „einsortiert", besteigen zügig die Busse und verlassen das Gelände, während schon der nächste Bus weitere Fahrgäste aufnimmt.

Inzwischen schüttet es wie aus Eimern vom Himmel, es ist stockdunkel, nur unterbrochen von heftigen Blitzen. Außer den Bussen, auch unzähligen, die uns während der Fahrt entgegenkommen, um weitere Leute vom Gelände abzuholen, sind so gut wie keine Fahrzeuge unterwegs.

Um kurz nach 19 Uhr kommen wir wohlbehalten wieder auf dem Parkplatz am Einkaufszentrum an und suchen uns nach dem Ausstieg erst einmal einen Unterstand, um nicht völlig durchnässt zu werden. Doch bald lässt das Unwetter nach und wir gelangen einigermaßen trocken zu unserem Auto. So hatten wir uns den Abend nicht vorgestellt, zumal es innerhalb von zwei Tagen das zweite Mal auf unserer Tour ist, dass uns das Wetter einen dicken Strich durch die Rechnung macht. Aber es nützt ja nichts - höhere Gewalt.

Auf dem Weg zurück zum Hotel müssen wir die nächste Enttäuschung hinnehmen, wir finden nirgends eine Örtlichkeit für ein schnelles Abendessen. Entweder sind die entsprechenden Restaurants geschlossen, oder sie existieren gar nicht. Als wir bereits fast wieder am Hotel sind, geben wir die Suche auf und beschließen, die Snacks, die wir noch im Gepäck haben, zu vertilgen. Nach einem enttäuschenden Abend ein noch enttäuschenderer Abschluss - na dann, gute Nacht.

10. Tag: Sonntag, 09. Oktober 2022

Wir befinden uns also in Albuquerque, der mit knapp 600.000 Einwohnern größten Stadt in New Mexico. Zusammen mit der angrenzenden Stadt Rio Rancho gilt die Region als am schnellsten wachsende Stadt in den USA.

Die Stadt liegt in einer Ebene, deren östliche Begrenzung die Sandia Mountains sind, im Westen bildet der Rio Grande die natürliche Begrenzung. Obwohl es eine Ebene ist, beträgt die geographische Höhe zwischen 1490 und 1631 Metern. Wir atmen also Höhenluft...

Das heutige Stadtgebiet wurde schon zwischen 1100 und 1300 vom Stamm der Anasazi besiedelt. 1540 kamen dann die ersten Spanier, die hier eine Siedlung errichteten und diese nach dem Herzog von Alburquerque benannten. Noch heute gibt es in der Altstadt (Old Town) viele historische Gebäude, deren Bauweise an den damaligen Adobe-Baustil angelehnt ist.

Wirtschaftlich entwickelte sich Albuquerque zu einer Stadt mit vielen Computer- und Hightech-Firmen, so wurde hier 1975 beispielsweise Microsoft gegründet. Natürlich spielt auch der Tourismus eine Rolle, nicht zuletzt wegen der Balloon Fiesta. Aber auch zahlreiche Museen, der botanische Garten Biopark und ein großes Aquarium locken die Besucher an. Für Film- und Fernsehfreunde sei angemerkt, dass die erfolgreiche Serie „Breaking Bad" Albuquerque zum Schauplatz hat und auch hier gedreht wurde, genau wie das Spin-off „Better call Saul".

Es gäbe also sehr viel zu sehen und zu entdecken in dieser Stadt, doch für diesen letzten Tag unseres Aufenthaltes haben wir uns ein anderes Programm vorgenommen.

Schon recht früh an diesem Morgen zeigt sich das Wetter wieder von seiner schönsten Seite, nur noch wenige Pfützen zeugen von dem Unwetter des Vorabends. Nach dem Duschen verlasse ich wie gewohnt das Zimmer, um vor der Hoteltür eine Zigarette zu rauchen und die Temperaturen zu „erfühlen". Es ist noch recht kühl, doch das hindert mich nicht, einen kleinen Spaziergang über den Parkplatz des Hotels zu machen. Ein Blick zum Himmel lässt mich zum Handy greifen und die Kamera aktivieren: Dutzende bunte Heißluftballons bewegen sich gemächlich in luftiger Höhe. Das ist zwar nur eine sehr geringe Entschädigung für den verpatzten gestrigen Abend, doch immerhin lässt es erahnen, was uns durch das Unwetter entgangen ist.

Ich eile zurück in unser Zimmer und mache meine Reisegefährten auf die Ballons aufmerksam, die sie dann vom Fenster aus ebenfalls noch einige Zeit beobachten können.

Wir dürfen sie doch noch sehen - Ballons über dem Hotel

Dann ist es Zeit fürs Frühstück. Der Frühstücksraum des Hotels ist recht klein, wir ergattern mit viel Glück einen kleinen runden Tisch, der so gerade für 3 Personen ausreicht. Auch das Frühstück selbst ist nicht unbedingt eine Offenbarung, aber es reicht aus, um sich für den Tag zu stärken, den wir hier in Albuquerque verbringen werden.

Gegen 9:30 Uhr machen wir uns auf den Weg, der nicht allzu lang ist. Nur knapp 4 Kilometer entfernt von unserem Hotel, in der 12th Street NW, befindet sich das „Indian Pueblo Cultural Center".

Dieses Kulturzentrum der Pueblo-Indianer bezeichnet sich selbst als das „Tor zu den 19 Pueblos von New Mexico". Es bietet den Besuchern ein Museum und einen Ausstellungsbereich, in denen die Pueblo-Kultur von der Frühzeit bis zur Gegenwart anschaulich dargestellt und erläutert wird. Es gibt auch eine Sammlung von Wandgemälden von Pueblo-Künstlern. Eine Bibliothek, Archive, eine Bildungseinrichtung sowie eine Lehrküche mit angeschlossenem Restaurant komplettieren dieses Zentrum.

Wandmalereien im Native Center

Es befindet sich im Herzen von fast 80 Hektar Land, das noch heute, obwohl es im Stadtgebiet von Albuquerque liegt, den 19 Pueblos gehört und von deren Stammesräten autark regiert wird.

Zu dem Zentrum gehört auch ein Shop, in dem traditioneller und zeitgenössischer Schmuck, Töpferwaren, Teppiche und mehr erworben werden können.

Die Stammesangehörigen treffen sich hier regelmäßig und führen, insbesondere an Wochenenden, traditionelle Tänze der Pueblo-Indianer auf.

Binnen weniger Minuten sind wir am Zentrum, parken unseren Wagen und gehen die wenigen Schritte zum Eingang. Dort entrichten wir die Eintrittsgebühr von 12 Dollar (Jugendliche und Senioren über 62 zahlen 8 Dollar) und gehen zunächst ins Museum, das wirklich sehr gut bestückt ist und anschaulich die Geschichte und Kultur der Pueblo-Indianer vermittelt.

Der Rundgang durch die Museumsräume führt am Ende in die Kunstgalerie, wo sowohl alte als auch moderne Kunst zu bewundern ist. Von dort führt der Weg hinaus auf das Freigelände, wo bereits alles für die bevorstehende Tanzaufführung bereit ist.

Das Zentrum ist an diesem Sonntagmorgen gut besucht, doch wir haben Glück und ergattern freie Plätze mit guter Sicht auf den „Tanzplatz".

Wir müssen auch nicht lange warten und die Tanzgruppe tritt auf. In den typischen Gewändern und mit den traditionellen Trommeln und anderen Instrumenten werden traditionelle Tänze der Pueblo-Indianer aufgeführt.

Zur Tanzgruppe gehört auch ein kleiner Junge von vielleicht 4 oder 5 Jahren, der mit viel Eifer und hochkonzentriert bei der Sache ist. Allerdings ist das Büffelfell, das er auf dem Kopf trägt, viel zu groß für ihn und rutscht ihm ständig vom Kopf.

Dennoch lässt er sich nicht beirren und tanzt die Choreographie bis zum Ende mit - was ihm einen Sonderapplaus des interessierten Publikums beschert.

Unser kleiner Held

Den Aufenthalt im Pueblo-Zentrum beenden wir schließlich mit einem Rundgang durch den Shop, wo wir natürlich auch kleine Souvenirs erwerben.

Es ist Mittag, als wir das Zentrum verlassen und wieder in unser Auto steigen. Da in den USA die Geschäfte auch sonntags geöffnet sind, steht nun Shopping auf dem Programm. Dazu fahren wir zunächst in die große, knapp 10 Kilometer entfernte Cottonwood Mall.

Hier befinden sich fast alle namhaften Kaufhäuser und Shops, die wir mit Vergnügen durchstöbern und wo wir auch einige Schnäppchen ergattern.

Nach gut zwei Stunden sind wir bereit, weitere Shops in einer anderen Mall zu erobern. Daher geht es für uns weiter, knapp 20 Kilometer zur Wyoming Mall, wo wir uns zunächst mit leckeren Donuts stärken. Diese Mall ist klein und so beschränken wir unseren Besuch auf einen ausgiebigen Bummel durch das große WalMart Supercenter. Doch unser Shopping-Nachmittag ist noch nicht zu Ende, es geht weiter zum Coronado Center, das nur gut 2 Kilometer entfernt ist. Nach dem Einkauf hier haben wir noch immer nicht genug, es gibt ein weiteres WalMart Supercenter in knapp 5 Kilometern Entfernung, dem wir zum Abschluss ebenfalls noch einen Besuch abstatten.

Doch um 19 Uhr stellen wir fest, dass unser Kofferraum mit Einkäufen voll und wir selbst ziemlich erschöpft sind. Jetzt steht uns der Sinn - und der merklich spürbare Hunger - nach einer warmen Mahlzeit. Unser Navi verweist wieder einmal auf ein Denny's, vor dem wir nach knapp 30-minütiger Fahrt unser Auto parken.

Auch hier ist das Essen lecker und reichlich, die Bedienung freundlich - und einen Seniorenrabatt gibt es ebenfalls. Perfekt. Um 21 Uhr erreichen wir wieder unser Hotel und wir lassen den Abend gemütlich ausklingen.

11. Tag: Montag, 10 Oktober 2022

Das morgendliche Prozedere gleicht dem des Vortages, einschließlich des spärlichen Frühstücks. Sogar einige Ballons sind wieder am blauen Himmel zu sehen.

Gegen 10 Uhr sind wir startbereit für die nächste Etappe, die heute nach Gallup führt.

Die Fahrt über die I-40 W ist nur gut 220 Kilometer lang, so dass wir ausreichend Zeit haben, auf dem Weg zu unserem Hotel, dem Best Western Plus Gallup Inn & Suites, East Aztec, noch den ein oder anderen Stopp einzulegen.

Den ersten legen wir bereits nach einer knappen halben Stunde ein, denn wir erreichen das Visitor Center des Petroglyph National Monument, einem Schutzgebiet für prähistorische Indianerkulturen. Im gesamten Gebiet, verteilt auf mehrere Canyons, gibt es rund 20.000 Petroglyphen (in die Oberfläche der Felsen eingeritzte Zeichen und Figuren), die von den Ureinwohnern hier hinterlassen wurden. Die vier Canyons kann man einzeln mit dem Auto ansteuern - und wir beginnen hier.

Wissenschaftler schätzen, dass 90% der Petroglyphen von den Vorfahren des heutigen Pueblo-Volkes geschaffen wurden. Die Pueblo-Indianer haben seit ca. 500 n. Chr. im Tal des Rio Grande gelebt. Man vermutet, dass die Mehrheit der Petroglyphen in der Zeit zwischen etwa 1300 bis Ende der 1680er Jahre geschnitzt wurde. Außerdem nehmen die Experten an, dass ein kleiner Teil der im Park gefundenen Petroglyphen möglicherweise bereits in der Zeit um 2000 v. Chr. geschaffen wurde. Es gibt aber auch Petroglyphen, die man frühen spanischen Siedlern aus dem 16. Jahrhundert zuschreibt.

Im Visitor Center, wo wir überraschenderweise feststellen, dass für den gesamten Park keine Eintrittsgebühr erhoben wird, versorgen wir uns mit der Übersichtskarte des National Park

Service, dann machen wir uns auf den Weg. Als erstes steuern wir den Piedras Marcadas Canyon an, wo wir unser Auto direkt am Rande eines Wohngebietes parken. Von hier führt ein Fußweg in den Canyon. Schon bald sehen wir die ersten, für heutige Augen primitiven Zeichen und Figuren auf den Felsen. Doch versetzt man sich in die Zeit, während der sie entstanden sind und bedenkt man die Werkzeuge, die die „Künstler" zur Verfügung hatten, dann ist es tatsächlich beeindruckend.

Petroglyphen

Anschließend geht es zum Boca Negra Canyon, den man auf einem Rundweg mit dem Auto befahren kann. Gleich am ersten Parkplatz halten wir an und erkennen sofort die Herausforderung, die sich hier präsentiert: Ein felsiger Hügel von vielleicht 30 Metern Höhe, der von unten bis oben mit unzähligen Petroglyphen versehen ist. Man kann und darf ihn besteigen, aber er ist zum Teil ziemlich steil und es gibt keinen befestigten Weg hinauf, geschweige denn irgendwelche Sicherungen. Für mich als Höhenangstbelastete ist das nichts. Meine beiden Gefährten machen sich allerdings sofort begeistert auf den Weg dort hinauf, während ich mir zunächst die Petroglyphen auf dem sicheren Erdboden anschaue. Auch diese sind zahlreich und sehr beeindruckend. Doch auch Flora und Fauna sind beachtlich, so leistet mir kurzzeitig ein Roadrunner Gesellschaft. Dass die Parkbroschüre auch darauf verweist, dass man auf Klapperschlangen achten solle, ignoriere ich geflissentlich.

Petroglyphenhügel

Auf einer Bank im Schatten eines Unterstands lasse ich mich nieder und schaue dem Treiben der zahlreichen Besucher zu. Es ist doch immer wieder interessant und unterhaltsam, „Leute zu gucken". So vergeht die Zeit bis zur Rückkehr meiner beiden „Bergsteiger" recht schnell. Von dem, was sie auf dem Hügel gesehen haben, sind sie total begeistert. Der Ausflug hat sich definitiv gelohnt.

Nach kurzer Fahrtstrecke erreichen wir einen Parkplatz mit öffentlichen Toiletten und wir wollen die Gelegenheit nutzen. Das gestaltet sich jedoch etwas schwierig, da der kleine Parkplatz bereits überfüllt ist. So bleiben wir wechselweise am Steuer unseres Autos sitzen, während die anderen „ihr Geschäft" erledigen.

Anschließend vollenden wir mit dem Auto die Schleife durch den Canyon. Von dort geht es zurück auf die I-40 und weiter in westlicher Richtung. Bei der ersten sich bietenden Gelegenheit betanken wir den Wagen, fahren weiter und erreichen nach einer knappen Stunde den Ort Grants. Hier legen wir einen kurzen Zwischenstopp in einem WalMart-Supercenter ein, um ein paar Snacks einzukaufen.

Die Weiterfahrt nach Gallup setzen wir ohne weitere Unterbrechungen fort und parken kurz vor 16 Uhr unseren Wagen auf dem Parkplatz des Best Western Plus in Gallup. Ab jetzt befinden wir uns auf bekanntem Terrain, denn sowohl Gallup als auch die noch kommenden Stationen unserer Reise, die in Las Vegas enden wird, kennen wir von einem früheren Aufenthalt. Allerdings waren wir diese Strecke damals in entgegengesetzter Richtung gefahren und in Gallup hatten wir in einem anderen Hotel gewohnt. Doch das Best Western erweist sich als gute Wahl. Das Einchecken beim freundlichen Personal klappt problemlos und schnell, das Zimmer ist hell, sauber und recht komfortabel.

Gallup ist eine Kleinstadt am Puerco River in New Mexico und liegt in einem Gebiet, das ursprünglich von Navajo- und Hopi-Indianern bewohnt war. Die ersten Spanier kamen 1540 hierher. Als Gründungszeit der Stadt gilt 1880, als deren späterer Namensgeber, David L. Gallup, hier ein Lohnbüro für die Arbeiter einrichtete, die die transkontinentale Eisenbahn bauten. Die Bahnstrecke verläuft noch heute quer durch die Stadt, wobei die extrem langen Züge häufig zu sehr lange geschlossenen Schranken an den Bahnübergängen führen. Auch die berühmte Route 66 führt mitten durch Gallup.

Im 19. Jahrhundert gab es einige kriegerische Auseinandersetzungen zwischen den Indianervölkern und den Siedlern bzw. Soldaten, die in einem nahegelegenen Fort stationiert waren. Die indianischen Einflüsse prägen den Ort noch heute, was ihn für Touristen interessant macht.

Die Mehrheit der Einwohner lebt vom Tourismus und dem Handel mit Indianerschmuck und -kunst. In zahlreichen Geschäften kann man nach Herzenslust stöbern und, je nach Geldbeutel, unter Umständen auch viel Geld ausgeben. Doch der kunstvoll gearbeitete echte Silberschmuck mit den markanten Türkisen oder anderen Edelsteinen ist es durchaus wert.

Wir ruhen uns zunächst aus, machen uns frisch und stellen mit einem Blick aus dem Fenster fest, dass unser Hotel direkt neben dem berühmtesten Hotel der Stadt liegt, dem „El Rancho", das 1936 eröffnet wurde. Dorthin geht es für uns zuerst.

Da in der Vergangenheit zahlreiche (Western-)Filme in der Umgebung von Gallup gedreht wurden, haben in diesem Hotel viele damals (und noch heute) berühmte Stars gewohnt, beispielsweise John Wayne, Katharine Hepburn, Spencer Tracy, Errol Flynn, Kirk Douglas, Gregory Peck, Humphrey Bogart und viele andere. Auch die US-Präsidenten Dwight D. Eisenhower und Ronald Reagan haben im „El Rancho" geschlafen. Daher ist jedes Zimmer nach einem der berühmten Hotelgäste benannt. Das Hotel ist auch heute noch im historischen Originalzustand und steht unter Denkmalschutz. In der Hotelhalle hängen unzählige Fotos mit Autogrammen der berühmten Gäste.

Nebenbei sei erwähnt, dass sich über John Wayne hartnäckig die Anekdote hält, er sei auf einem Pferd in die Hotelhalle hineingeritten.

Kaminecke in der Lobby des „El Rancho"

Voller Tatendrang machen wir uns vom Hotel auf den Weg in die Innenstadt. Unser Auto parken wir am Gallup Cultural Center in der Nähe des Bahnhofs. Von hier aus bummeln wir auf der historischen Route 66, schauen uns die Auslagen der Geschäfte an und betreten dann gezielt einen der Läden, die Silberschmuck und Kunstgegenstände verkaufen. Schon bei unserem letzten Aufenthalt in Gallup haben wir in diesem Geschäft einige schöne Stücke zu sehr fairen Preisen erworben. Doch dieses Mal werden wir leider nicht fündig. So ergeht es uns auch noch in zwei weiteren, ähnlichen Geschäften.

Etwas enttäuscht bummeln wir noch eine Weile die Straße entlang und genießen das schöne Wetter.

Inzwischen ist es bereits früher Abend und wir verspüren Hungergefühle. Das Navi weist uns den Weg zur Rio West Mall nördlich der I-40, die wir nach 15-minütiger Fahrt erreichen. Bevor wir uns jedoch einen Ort zum Essen aussuchen, machen wir einen Bummel durch die Mall. Zwar erwerben wir hier ebenfalls keinen Schmuck, doch das ein oder andere günstige Kleidungsstück und ein paar kleine Souvenirs landen in unseren Taschen.

Dann verlangt der Magen unmissverständlich sein Recht und wir entscheiden uns für einen Besuch der örtlichen Filiale des Golden Corral, die sich unweit der Mall befindet. In diesem Buffet-Restaurant gibt es alles, was das Herz (und der Magen) begehrt. Man zahlt nur einmal am Eingang und kann sich nach Belieben bedienen. Davon machen wir gerne Gebrauch.

Rundum gesättigt geht es dann zurück zu unserem Hotel, wo wir in der von einem strahlenden Vollmond erhellten Dunkelheit noch zwei große Runden über den Parkplatz spazieren, um uns zumindest einbilden zu können, wir hätten ein paar der zuvor aufgenommenen Kalorien wieder abtrainiert.

12. Tag: Dienstag, 11. Oktober 2022

Der Tag beginnt mit der üblichen Routine. Nach dem leckeren, reichhaltigen Frühstück im Best Western checken wir aus, beladen unser Auto und programmieren das Navi für unser heutiges Ziel: Das Days Inn & Suites by Wyndham in East Flagstaff. Wir werden also in einen weiteren Bundesstaat wechseln, denn Flagstaff liegt in Arizona.

Die direkte Strecke ist mit knapp 300 Kilometern nicht allzu lang, so dass wir noch einen Abstecher in den Petrified Forest National Park einplanen.

Von Gallup geht es wieder auf die I-40 W, jetzt jedoch in südwestlicher Richtung. Die I-40 ist auch Ersatz für die alte Route 66, die parallel zum neuen Highway verläuft.

Bereits nach einer halben Stunde lenken wir unseren Wagen auf den Parkplatz von „Ortega Indian City Arts", direkt am Highway gelegen. Wir durchstöbern den großen Verkaufsraum, doch es gibt nichts, was uns bewegen könnte, unser Portemonnaie zu zücken.

Also geht es weiter und nach wenigen Minuten überqueren wir kurz vor Lupton die Staatsgrenze nach Arizona. Hier gilt eine andere Zeit, so dass wir mit einem Schlag eine Stunde Zeit gewonnen haben, die wir bei unserem Besuch des Petrified Forest National Park gut nutzen werden.

Zuvor jedoch fahren wir hier bei Lupton noch einmal von der I-40 ab, um uns in den direkt am Highway ansässigen verschiedenen kleinen, zugegeben etwas vernachlässigt wirkenden Teepee Shops umzusehen, die alles anbieten, was mit der Kultur der Ureinwohner in Verbindung steht - und natürlich auch jeden nur denkbaren Touristen-Schnickschnack.

Von unserem früheren Besuch haben wir auch die hier oberhalb einer Höhle in der Felswand aufgestellten verschiedenen Tierfiguren noch in Erinnerung.

Bevor wir die einzelnen Läden betreten, schlendern wir zur großen Höhle. Wir genießen es, uns ein wenig die Beine zu vertreten und uns dabei die Sonne auf den Kopf scheinen zu lassen. Auch für eine Zigarette nehme ich mir die Zeit.

Insgesamt dehnen wir diesen Aufenthalt im Freien auf eine gute halbe Stunde aus, aber dann drängt es uns doch, in den Shops nach Schnäppchen zu suchen, wobei wir insgeheim noch immer darauf hoffen, vielleicht auch ein hübsches hochwertiges Schmuckstück zu einem annehmbaren Preis zu erwerben.

Höhle bei den Teepee Shops an der I-40

Diese Hoffnung wird leider auch hier enttäuscht, doch immerhin erwerben wir hier ein paar durchaus hochwertige T-Shirts zu einem absolut günstigen Preis.

Wir setzen dann unsere Fahrt ohne weitere Unterbrechung fort bis zur Abfahrt 311, die wir nach knapp 45 Minuten erreichen. Das kurze Wegstück führt direkt auf den Parkplatz am

Eingang zum Petrified Forest National Park, wo ein riesiger Verwaltungskomplex, der sogar eine Feuerwehrstation umfasst, errichtet wurde.

Wir steigen für einen kurzen Besuch der Toiletten aus, dann fahren wir zurück auf die Zufahrtsstraße. Nach wenigen Metern stoppen wir an einem Kontrollhäuschen, wo uns die nette Dame am Schalter für 25 Dollar den Zugangspass aushändigt, der für das Fahrzeug und alle Insassen über einen Zeitraum von 7 Tagen gültig ist. Dazu bekommen wir auch die Übersichtskarte über den Nationalpark mit allen wichtigen Informationen.

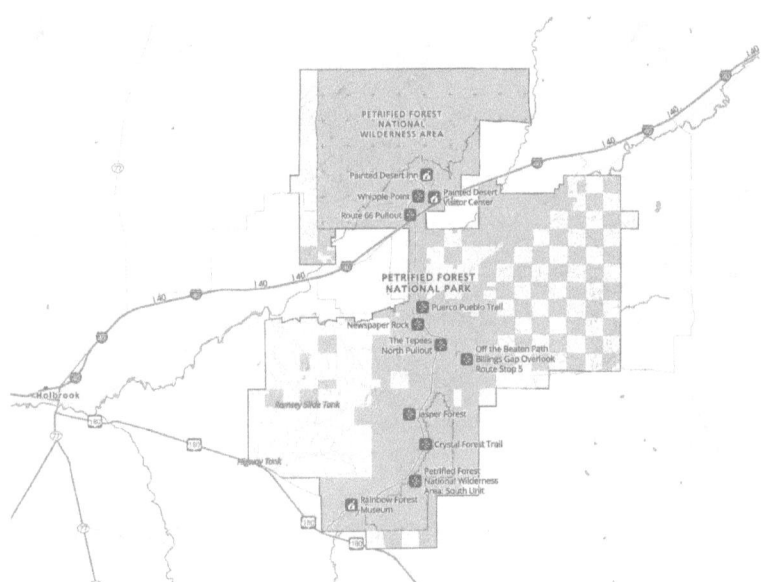

Übersichtskarte des Petrified Forest National Park

Da wir die nördliche Zufahrt zum Park von der I-40 genommen haben, ersehen wir aus der Karte, dass von diesem Eingang die gut 45 Kilometer lange Hauptstraße durch den Park führt und am südlichen Ausgang auf den Highway 180 trifft, von dem aus wir nach weiteren ca. 30 Kilometern wieder auf die I-40 W gelangen und unsere Fahrt nach Flagstaff fortsetzen können. Wir müssen also nicht zu diesem Ausgangspunkt zurück und werden dennoch alles Sehenswerte im Park besichtigen können.

Der Petrified Forest National Park hat seinen Namen (versteinerter Wald) von den vielen großflächigen Fundstellen von Baumholz, das im Laufe von Millionen Jahren verkieselt wurde. Vor etwa 215 Millionen Jahren befand sich in diesem Gebiet ein von vielen Flüssen durchzogenes Schwemmland mit einer Vegetation aus Araukarien, Baumfarnen und Nadelhölzern. Hier lebten Reptilien, Riesen-Amphibien und kleinere Dinosaurier, wie die unzähligen gefundenen Fossilien belegen. Umgestürzte Bäume wurden von Wasserfluten unter Schlamm und Schlick begraben. Darüber bildeten sich weitere Ablagerungen und der natürliche Zerfall des Holzes verlangsamte sich wegen des fehlenden Sauerstoffs. Die Deckschichten wurden dicker, darunter sickerte kieselsäurehaltiges Grundwasser in die toten Bäume ein. Dadurch lagerten sich Quarz und Chalcedon in den Hohlräumen der Stämme ein und ersetzten ganz langsam das Zellgewebe. So wurden die Holzstrukturen der Stämme als Stein erhalten.

Im Laufe der Jahrmillionen sanken die Schichten weiter ab und wurden wieder überschwemmt, so dass immer mehr Schichten entstanden. Irgendwann setzten tektonische Bewegungen der Erdkruste ein und hoben die Landoberfläche nach oben, wodurch die auftretenden Spannungen in den Schichten die Stämme zerbrechen ließen. Die Schichten wurden immer mehr abgetragen und die versteinerten Baumstämme wurden freigelegt - und die unzähligen Besucher des Parks können sie heute besichtigen.

Der Nationalpark liegt auf dem Gebiet des südlichen Colorado-Plateaus und der Painted Desert Wüste.

1962 wurde der Nationalpark mit einer Gesamtfläche von 378 Quadratkilometern gegründet, wobei man seit 2004 dabei ist, das Parkgebiet auf 885 Quadratkilometer zu erweitern, mit angrenzenden Bundesflächen und aufgekauften Privatgrundstücken. Es wurde beantragt, den Nationalpark dem Unesco-Welterbe hinzuzufügen.

Die Painted Desert befindet sich Im nördlichen Teil des Parks, den wir nun zuerst befahren. Diese Wüste aus trockenem

Brachland wurde durch Erosion in eine farbenfrohe Landschaft verwandelt, daher der Name.

Der Großteil des versteinerten Holzes ist im Südteil des Parks zu finden, zudem gibt es dort auch wieder unzählige Petroglyphen, wie wir sie schon bei Albuquerque gesehen haben.

Unsere Fahrt beginnt. Die uns umgebende Landschaft in verschiedenen roten, braunen und beigen Farbtönen mit grünen Pflanzen dazwischen hebt sich fast malerisch von dem strahlend blauen Himmel über uns ab. Der Blick geht weit über Hügel, Ebenen und kleine Canyons.

Blick vom Tiponi Point

Wir machen einen ersten Stopp am Tiponi Point, um die sich bietenden Ausblicke im Foto festzuhalten. Dann geht es weiter auf der Park Road, die sich in leichten Kurven weiter nach Norden schlängelt. Nach wenigen Kilometern führt ein Abzweig rechts zum Parkplatz am Painted Desert Rim Trail. Auch von hier gibt es phantastische Ausblicke auf diese unberührte Landschaft, die in diesem Bereich viel Grün aufweist. Zu Fuß gelangen wir vom Parkplatz zum Tawa Point, der wieder einen ganz anderen, aber nicht weniger schönen Ausblick bietet.

Faszinierende Landschaften

Weiter geht's, doch auch dieses Fahrtstück ist nicht sehr lang. Wir erreichen den Parkplatz des Painted Desert Inn. Dieses Gebäude im Pueblo-Stil, das perfekt an die Landschaft angepasst ist, war lange Jahre ein bekanntes Hotel-Restaurant und ist heute ein Museum mit Hopi-Wandmalereien. In der Hauptsaison gibt es hier auch ein Eiscafé, das jedoch jetzt, im Herbst, leider geschlossen ist.

Das Painted Desert Inn

Wir gehen interessiert durch das Gebäude, in dem auch viele Fotos aus der Vergangenheit ausgestellt sind. Zum Zeitpunkt unseres Besuches bieten ein paar Verkaufsstände Schmuck und Kunsthandwerk an, doch wir erfahren, dass das nur temporär ist und der große Raum immer wieder anders genutzt wird.

Im Außenbereich des Painted Desert Inn führt ein kurzer Weg zu einem weiteren Aussichtspunkt, dem Kachina Point, der ebenfalls einen sehr guten Überblick über die Landschaft bietet.

Kurz hinter dem Painted Desert Inn zweigt eine kurze Stich-straße ab, die zum Hozo Point Picnic Area führt - ich muss sicher nicht erwähnen, dass sich hier ebenfalls tolle Ausblicke und Fotomotive präsentieren.

Ein Stopp reiht sich an den nächsten und jeder einzelne ist es wert, dort anzuhalten und einen Blick auf die Landschaft, aber natürlich auch auf die aufgestellten Infotafeln zu werfen.

Hinter dem Pintado Point macht die Straße eine Biegung nach Südosten und es geht quasi in entgegengesetzter Richtung weiter. Kurz hintereinander folgen Nizhoni Point, Whipple Point und Lacey Point und dann schließlich der Route 66 Stop. Hier quert die Parkstraße die alte Trasse der ursprünglichen Route 66. Das Wrack eines Oldtimers aus der guten alten Zeit steht hier als begehrtes Fotomotiv. Eine gegossene Platte im Boden zeigt das bekannte Logo der Route 66.

Am Route 66 Stop

Kurz darauf überqueren wir die I-40 und sind damit im Petrified Forest angelangt. Nur wenig später stellen wir unser Auto auf dem Parkplatz am Puerco Pueblo ab. Um die Ruinen bzw.

Überreste dieses Pueblos aus dem 11. Jahrhundert zu besichtigen, müssen wir von hier aus einige Minuten zu Fuß gehen. Der Besuch der Überreste sowie die aufgestellten Infotafeln sind wirklich interessant und lehrreich.

Überreste des Puerco Pueblo

Mehrere Dürreperioden im 13. Jahrhundert zwangen die Pueblo-Indianer dazu, sich gemeinsam in großen Pueblo-Gemeinden anzusiedeln, die gesicherten Zugang zu Wasser hatten. So entstand hier ein Pueblo mit ungefähr 100 Räumen, in dem wohl bis zu 200 Menschen lebten. Die einstöckigen Bauten aus handgeformten Sandsteinblöcken waren um einen rechteckigen Platz herum errichtet. Die Räume dienten als Wohn- und Lagerräume. Dazu gab es auch mehrere sogenannte Kivas, unterirdische Räume, in denen Zeremonien abgehalten wurden. Die Gebäude hatten weder Türen noch Fenster, der Zugang erfolgte über Leitern durch die Dächer. Auf den umliegenden Feldern bauten die Bewohner Mais, Bohnen und Kürbisse an. Da die Bewohner sich dem einsetzenden Klimawandel im 13. Jahrhundert nicht anpassen konnten, war dieses Pueblo um 1380 schon wieder so gut wie unbewohnt. Geblieben sind bis heute die Überreste der Sandsteinziegel, Steinwerkzeuge und andere Artefakte sowie die Petroglyphen, die die Bewohner in den Felsen hinterlassen haben.

Wir setzen unsere Fahrt fort und erreichen schon bald den Abzweig rechts zum Newspaper Rock, dem Zeitungsfelsen. Dabei handelt es sich hier weder um einen einzelnen Felsen noch um eine Zeitung. In diesem Gebiet mit vielen Felsen und Gesteinsformationen gibt es mehr als 650 Petroglyphen auf kleinem Raum. Die Wissenschaftler schließen aus der Ballung der verschiedenen Zeichen und Darstellungen, dass es sich hier um einen bedeutenden Ort handeln muss, der den Ureinwohnern sehr wichtig war. Das Alter der Zeichen und Symbole wird auf 650 bis mehr als 2000 Jahre geschätzt. Auch liegt die Vermutung nahe, dass einige der „Künstler" in Puerco Pueblo gelebt haben. Welche Bedeutung die verschiedenen Zeichen haben, kann nur vermutet werden, wahrscheinlich handelt es sich sowohl um spirituelle Symbole als auch um Clan-Zeichen, Wegweiser und Grenzmarkierungen, aber vermutlich wurden auch Kalenderereignisse dargestellt.

Vom Parkplatz sind es nur wenige Schritte und wir erreichen das Geländer, wo sich bereits zahlreiche Besucher drängen, um auf den nahegelegenen Felsen die Petroglyphen zu entdecken. Unter uns erstreckt sich eine Ebene, die rechts von dem am meisten beschrifteten Felsen begrenzt wird. Selbst mit bloßem Auge sind die zahlreichen Symbole und Markierungen zu erkennen. Durch das Objektiv der Kamera funktioniert das aber noch viel besser... und die Speicherkarte wird immer voller. Auch mit Fotos von unzähligen zerbrochenen versteinerten Bäumen, die überall in diesem südlichen Teilgebiet des Nationalparks, dem eigentlichen Petrified Forest, auf dem Erdboden oder sogar auch an Felshängen liegen.

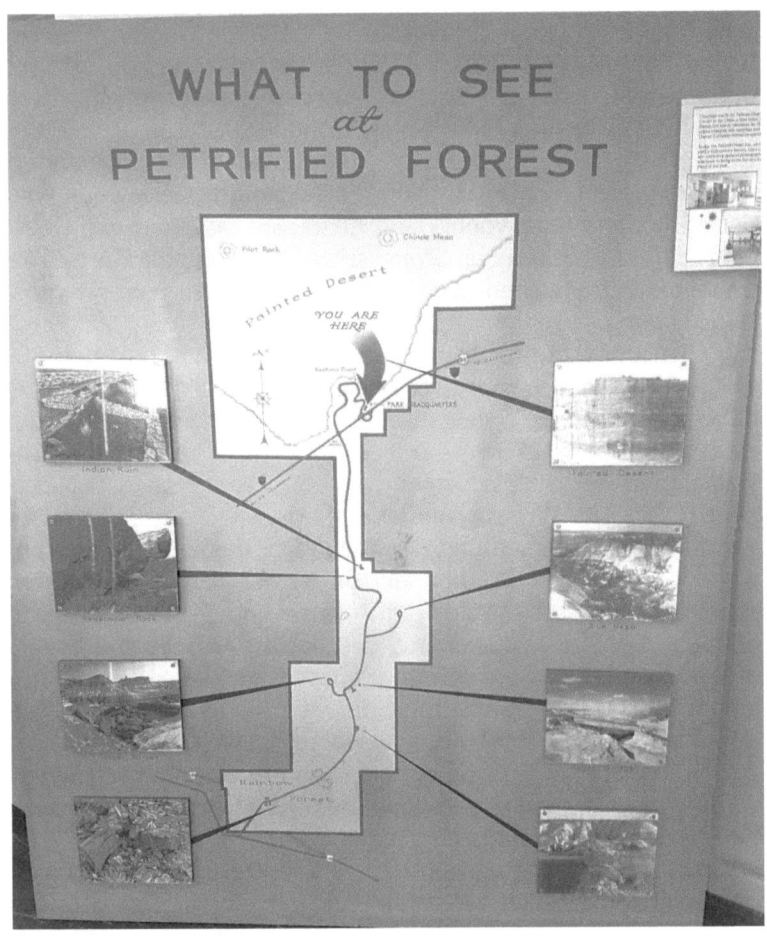

Eine Schautafel, die hier angebracht ist, erklärt uns auch, was wir alles sehen und bestaunen könnten, wenn wir genügend Zeit hätten.

Doch die fehlt uns leider, so begnügen wir uns mit dem, was entlang der Route liegt.

Petroglyphen im Petrified Forest

versteinerte

Bäume

Frühgeschichtliche Nachrichtenübermittlung

Nicht zuletzt mit Blick auf die Uhr reißen wir uns schließlich doch los und setzen unsere Fahrt fort.

Doch der nächste Stopp ist nicht weit. Hinter einer Linkskurve tauchen rechts von uns die Tepees auf, eine Gruppe kegelförmiger Hügel mit fast perfekt voneinander getrennten Farbschichten von rot, rosa, blau, grau, purpur und weiß.

Ihre Form erinnert an die Zelte der Prärie-Indianer, daher der Name.

Durch Jahrmillionen andauernde Sedimentablagerungen und Erosionen haben sich die farblich unterschiedlichen Schichten herausgebildet.

Ein Künstler hätte es sich nicht besser ausdenken können - aber wir merken hier überall: Der größte Künstler ist die Natur.

Die Tepees

Und schon wartet das nächste „Kunstwerk" auf uns.

Nach einer wieder nur kurzen Strecke fahren wir links ab auf einen abseits von der Hauptstraße gelegenen Parkplatz.

Von hier sind es lediglich einige wenige Schritte und wir stehen an der Agate Bridge, einem perfekt erhaltenen 34 Meter langen versteinerten Baumstamm, der seit undenklichen Zeiten ein 12 Meter breites ausgetrocknetes Flussbett überspannt, das durch Erosionen und Fluten entstanden ist.

So bildet dieser versteinerte Baum eine natürliche Brücke bildet.

Da der Baumstamm bedeutend härter als der umliegende Sandstein ist, hat er alle Herausforderungen der Natur über unzählige Jahre hinweg unbeschadet überstanden.

Trotzdem wurde zum Erhalt dieses Naturdenkmals darunter eine Betonkonstruktion errichtet, die verhindern soll, dass der Baumstamm zusammenbricht.

Agate Bridge

Dennoch ist nicht sicher, ob auch zukünftige Generationen in den Genuss kommen können, dieses Naturwunder zu betrachten. Trotz ausdrücklicher Warnhinweise - und einem gesunden Menschenverstand, der eigentlich bei jedem funktionieren müsste - gibt es immer wieder Zeitgenossen, die meinen, das Recht zu haben, auf dem Baumstamm herumzuturnen oder sich mit Einritzungen zu verewigen. Allein während unseres nicht wirklich langen Aufenthaltes dort beobachten wir drei Personen, die glauben, sich beweisen zu müssen. Als wir einen von ihnen darauf hinweisen, dass sein Tun verboten sei, bekommen wir lediglich eine abwertende Antwort, die ich hier nicht wiederholen möchte.

Wir setzen unsere Tour fort und biegen, wiederum nach nur wenigen Minuten, rechts ab auf die Jasper Forest Road, die als Sackgasse zu einem Parkplatz führt. Von hier hat man einen weiteren phantastischen Blick auf die Landschaft. Außerdem startet hier der Jasper Trail, einer der zahlreichen Rundwege für Wanderer im Park. An der kleinen Hütte am Rand des Parkplatzes weist ein Schild darauf hin, dass man möglichst um 18 Uhr wieder in seinem Auto sitzen sollte, andernfalls könnte man von Coyoten gefressen werden.

Netter Hinweis auf Gefahr....

Natürlich sind wir brav, setzen uns nach ein paar Fotos wieder ins Auto und fahren weiter.

Unendliche Weiten.....

Ohne weitere Stopps erreichen wir schließlich kurz vor dem Parkausgang den großen Parkplatz des Visitor Centers. Außerdem befindet sich hier ein weiteres großes Gebäude, das Rainbow Forest Museum.

Der Rainbow Forest war das Herz des ursprünglichen Petrified Forest und wurde 1906 von Präsident Roosevelt zum Nationaldenkmal erklärt.

Wir entscheiden uns mit Blick auf die Uhr, lediglich dem Visitor Center einen kurzen Besuch abzustatten, natürlich mit dem Hintergedanken, noch ein paar Souvenirs vom Petrified Forest National Park zu erwerben. Das ist recht schnell geschehen, ein Toilettenbesuch ist ebenso schnell erledigt - dann geht es zurück zum Auto und wir setzen unsere Reise fort, mit dem übereinstimmenden Fazit, dass die Rundfahrt durch diesen Nationalpark ein absolut lohnenswerter und eindrucksvoller Abstecher war.

Nach wenigen Kilometern trifft die Parkstraße auf die US 180, die wir, wie empfohlen, in nördlicher Richtung befahren, um dann kurz hinter Holbrook wieder auf die I-40 W aufzufahren. Es dauert nur eine gute Stunde und wir erreichen die Außenbezirke von Flagstaff in Arizona.

Flagstaff ist mit knapp 80.000 Einwohnern keine allzu große Stadt. Insbesondere bei Touristen ist sie bekannt als „Tor zum Grand Canyon", der nur knapp 120 Kilometer von hier entfernt liegt. Viele schätzen die Stadt auch als Wintersportort, denn immerhin liegt sie auf einer Höhe von rund 2100 Metern. Nicht allzu weit entfernt sind die San Francisco Peaks, deren höchster Berg, der Humphreys Peak, 3852 Meter Höhe misst und damit der höchste Punkt in Arizona ist.

Ihren Namen, der auf Deutsch „Flaggenmast" bedeutet, verdankt die Stadt angeblich Siedlern, die nach Westen zogen und hier anhielten, um den amerikanischen Unabhängigkeitstag zu feiern. Da sie zum Hissen der amerikanischen Flagge einen Mast benötigten, schlugen sie einem Baum die Krone ab und befestigten dort oben die Flagge. Diese Siedler zogen weiter, doch der Baum blieb stehen und andere Siedler, die später kamen, ließen sich hier nieder und benannten den Ort nach diesem Baumstamm.

Die einzige Universität im nördlichen Arizona ist hier in Flagstaff ansässig und gilt, zusammen mit zahlreichen Forschungseinrichtungen, auch als einer der größten Arbeitgeber. Darüber hinaus leben viele Bewohner vom Tourismus, denn nahegelegene Attraktionen sind nicht nur der Grand Canyon, sondern zum Beispiel auch der Walnut Canyon, der Sunset Crater, das Wupatki National Monument und der Barringer-Krater, ein großer Meteoritenkrater. Auch der Glen Canyon und der Lake Powell sowie das malerische Städtchen Sedona sind von Flagstaff aus gut zu erreichen. So kann man theoretisch Flagstaff als Standort wählen, um jeden Tag eine andere Attraktion anzusteuern.

Da wir Flagstaff bereits von einem früheren Aufenthalt kennen, wollen wir hier lediglich übernachten und ein wenig shoppen, es ist also quasi, wie auch schon Fort Stockton, eine Zwischenstation auf dem Weg zum Zielort unserer Reise, Las Vegas.

Kurz nach 18 Uhr erreichen wir das Days Inn & Suites by Wyndham East Flagstaff in der East Lockett Road. Auch hier geht das Einchecken reibungslos, allerdings nicht ganz so zügig, wie in den meisten Hotels zuvor. Denn die nette Dame an der Rezeption hat deutsche Wurzeln, ihre Großeltern sind aus dem Ruhrgebiet in die USA ausgewandert. Da außer uns zu diesem Zeitpunkt niemand sonst in der Lobby ist, nimmt sie sich viel Zeit für ein ausgiebiges Gespräch, das wir in einem lustigen Mischmasch aus Deutsch und Englisch führen.

Auf unserem Zimmer angelangt machen wir uns kurz frisch und legen eine kleine Ruhepause ein. Dann geht es auch schon wieder los, denn nach dem langen Tag mit unzähligen tollen Eindrücken verlangt nun der Magen nach seinem Recht. Nach kurzer Fahrt finden wir unweit des Hotels ein Imbiss-Restaurant und füllen unsere erschöpften „Batterien" mit einem leckeren Essen und Kaltgetränken wieder auf.

Ein letzter Abendspaziergang rund um das Hotel und die angrenzende Wohnsiedlung beendet diesen Tag.

13. Tag: Mittwoch, 12. Oktober 2022

Nach einer ruhigen Nacht mit ausreichend Schlaf beginnt auch dieser Tag mit der üblichen Routine. Nach dem guten Hotelfrühstück bepacken wir unser Auto, das uns schon die ganze Strecke über sehr zuverlässig dient, und machen uns auf die letzte Etappe. Bis Las Vegas sind es ungefähr 400 Kilometer. Da unser dortiges Hotel, das Flamingo, direkt am Las Vegas Strip, keine „Sperrstunde" hat, spielt der Zeitpunkt unserer Ankunft auch keine große Rolle. So wollen wir uns zunächst noch die Zeit für ein paar Einkäufe in Flagstaff nehmen. Dafür steuern wir zunächst wieder ein WalMart Supercenter in der Nähe des

Hotels an, doch so wirklich fündig werden wir dort nicht. Was wir jedoch unterwegs finden, ist eine Postfiliale. Es scheint sich sogar um so etwas wie die Hauptpost von Flagstaff zu handeln, denn sie verfügt über einen großen Parkplatz, der recht gut gefüllt ist. Entsprechend groß ist der Andrang an Kunden, doch es ist ausreichend Personal im Einsatz und so benötigen wir nicht allzu viel Wartezeit, um an die Reihe zu kommen. Der nette Mitarbeiter ist sehr geduldig und präsentiert uns eine umfassende Auswahl an Briefmarkenbögen. Da fällt die Wahl schwer, doch letztlich entscheiden wir uns doch und einige dieser Bögen wechseln den Besitzer.

Vom Standort des Postgebäudes sind es nur gut 3 Kilometer bis zur recht großen Flagstaff Mall, wo wir einen ziemlich ergiebigen Einkaufsbummel tätigen, nicht zuletzt auch, um unser amerikanisches Münzgeld, von dem sich während der Reise reichlich in unseren Börsen angesammelt hat, noch vor Ende der Reise loszuwerden.

Als wir dies in einem Bekleidungsgeschäft der jungen Dame an der Kasse als Erklärung nennen, warum wir mit Kleingeld bezahlen, schaut sie uns höchst erstaunt an und fragt, ob wir denn in Deutschland anderes Geld als Dollar hätten....

Gegen Mittag sind alle Einkäufe getätigt und im Auto verstaut, mit dem wir nun die I-40 W ansteuern, um die wirklich letzte Etappe unserer Reise nach Las Vegas zu absolvieren.

Allerdings legen wir noch innerhalb der Stadtgrenzen von Flagstaff einen weiteren Halt ein, um uns für die Fahrt mit Donuts und Kaffee zu stärken. Dafür wählen wir ein Dunkin' Donuts in der South Milton Road. Das erweist sich jedoch als nicht allzu gute Idee. Dieser Laden teilt sich den recht kleinen Parkplatz mit einem Schnellrestaurant, das auch Essen zur Mitnahme anbietet - und es ist Mittagszeit. So reiht sich hier Auto an Auto, nichts geht mehr. Als wir bereits gut 10 Minuten stehen und nicht vor und zurück können, betritt ein junger Mann die Szene und ergreift die Initiative. Er befragt die Fahrer, wohin sie wollen, dann dirigiert er sie, stoppt den einen, winkt den anderen vor, weist den einen nach links, den anderen nach rechts, und so weiter.

Es funktioniert! Nach weniger als 3 Minuten parken wir unser Auto ordnungsgemäß.

Unsere Donuts und und den Kaffee lassen wir uns draußen auf der Terrasse schmecken, von wo wir beobachten können, wie sich das gesamte Chaos dank des jungen Mannes tatsächlich innerhalb kurzer Zeit komplett auflöst.

So können wir schließlich problemlos wieder vom Parkplatz herunter und zurück auf die I-40 W in Richtung Las Vegas fahren.

Die Strecke ist frei und es geht zügig voran, so dass wir nach einer knappen halben Stunde die Ortsgrenze von Williams erreichen.

Williams ist eine Kleinstadt mit historischem Stadtzentrum, durch das die alte Route 66 verläuft. Sie hat gut 3.000 Einwohner, die überwiegend vom Tourismus leben. Auch diese Stadt bezeichnet sich selbst als „Tor zum Grand Canyon", der nur eine gute Stunde Fahrtzeit von hier entfernt ist.

Gegründet wurde die Stadt 1881. Sie ist benannt nach einem damals berühmten Trapper, „Old Bill" Williams, an den hier eine Statue erinnert. Auch der große Berg im Süden der Stadt trägt seinen Namen.

In den 1980er Jahren wurde die Stadt zusammen mit dem hier noch erhaltenen Teil der Route 66 in das National Register of Historic Places aufgenommen.

Wir beschließen kurzerhand, der Stadt einen Besuch abzustatten und parken in der Nähe des historischen Bahnhofs. Überall wimmelt es von Touristen. Wir bummeln mit dem Strom die Hauptstraße hinauf und hinunter, besuchen einige der zahlreichen typischen Souvenir- und Westernläden und schauen uns das Treiben auf der Straße an.

Während wir uns die Auslagen eines Geschäfts von außen ansehen, vernehmen wir über unseren Köpfen ein eigentümliches Geräusch, gefolgt von ein paar spitzen Schreien.

Wir schauen nach oben und sehen zwei junge Mädchen, die in einer Gondel der Zip-Line, die parallel zur Hauptstraße über den Hausdächern installiert ist, sitzen und kreischen, weil sie mit einiger Geschwindigkeit durch die Luft befördert werden.

An dieser Zip-Line sind Sitze wie bei einem Sessellift montiert, die Rollen, die in die Seile eingehängt sind, sind mit Oldtimer-Konturen kaschiert, das sieht ganz witzig aus. Wir überlegen, ob wir auch eine Fahrt machen sollen, doch eine Recherche im

Internet führt dazu, dass wir diesen Gedanken ganz schnell wieder verwerfen. Für knapp 2 Minuten dieses Vergnügens sollen wir pro Person 16 Dollar bezahlen, das erscheint uns doch verhältnismäßig teuer und wir verzichten dankend. Das Geld investieren wir lieber in ein paar Souvenirs.

Auf der Hauptstraße in Williams

Gegen 16 Uhr kehren wir zu unserem Auto zurück und machen uns auf die Weiterreise, die problemlos und zügig verläuft. Ein Blick auf die Tankanzeige verkündet dann, dass es besser ist, den Tank noch einmal zu füllen. Vor Kingman fahren wir von der Interstate ab und steuern eine Zapfsäule der „Love's

Gas Station" an. Wie häufig in den USA üblich, gehe ich zur Kasse, nenne die Nummer der Zapfsäule und sage der freundlichen Angestellten, dass wir für 30 Dollar tanken möchten, woraufhin sie die entsprechende Zapfsäule freischaltet. Ich zahle und gehe wieder zurück zum Auto, wo wir die Zapfpistole in den Tank einführen, doch nichts passiert. Ein Blick auf die Säule macht mir schnell klar, warum nicht der kleinste Tropfen aus dem Hahn kommt. Versehentlich habe ich der Dame die Nummer der Nachbarsäule genannt, wo nun ein junger Mann fröhlich seinen Tank füllt.

Ich gehe schnell hinüber zu ihm und erkläre ihm die Situation, woraufhin er auch sofort den Tankvorgang abbricht. Gemeinsam gehen wir wieder zur Kasse und berichten der Mitarbeiterin von der Situation. Es dauert zwar einige Minuten und erfordert das Hin- und Hergeben von Geld sowie das Annullieren von Kartenbuchungen, doch letztlich klären wir mit vereinten Kräften die Situation. Niemand ist verärgert, wir alle lächeln fröhlich - und wir können unseren Tank füllen.

Wir fahren von der Zapfsäule weg, doch halten auf dem zur Tankstelle gehörenden Parkplatz noch einmal an: Ich brauche eine Zigarette, denn ich zweifle an mir selbst - dass ich eine simple Zahl vergesse bzw. verwechsle ist mir noch nie passiert. Ich werde wohl alt... vermuten auch meine Reisegefährten grinsend.

Die Fahrt geht weiter, dabei wechseln wir kurz hinter Kingman auf die US-93 N. Die verläuft in nördlicher Richtung, bevor sie kurz vor der Staatengrenze zwischen Arizona und Nevada, die mitten durch den Colorado River verläuft, nach Westen abbiegt. Auf dem bekannten Hoover Staudamm, der hier den Colorado zum Lake Mead aufstaut, ist diese Grenze markiert. Bei früheren Aufenthalten in Las Vegas fanden wir es immer witzig, zu Fuß über den Damm zu gehen und dabei für Fotos mit dem einen Bein in Arizona und mit dem anderen in Nevada zu stehen.

Beim letzten Besuch am Staudamm vor einigen Jahren konnten wir die Bauarbeiten an einer neuen Brücke beobachten, die als Teil der neuen US-93 quer über die ziemlich hohe Schlucht vor dem Hoover Damm errichtet wurde. Die neue Straße war dringend notwendig geworden, da sich der gesamte Verkehr über die enge Straße auf dem Damm quälte.

Und nun ist diese Straße fertig. Daher kommen wir nicht in den Genuss, aus Arizona kommend über den Damm fahren zu können. Leider können wir auch nicht von der neuen Brücke in die Schlucht hinunter sehen, denn als wir dort ankommen, ist es schon dunkel, schließlich ist Herbst.

Da die neue Straße auch, anders als die alte Route, um Boulder City herum gebaut wurde, benötigen wir ein paar Minuten länger als noch vor Jahren, bis wir die Außenbezirke von Las Vegas erreichen.

Doch schließlich ist es geschafft, rechts erkennen wir den Flughafen von Las Vegas und die ersten Hotels am Strip leuchten uns entgegen.

Las Vegas, die Glitzermetropole in der Wüste, ist die größte Stadt Nevadas mit rund 640.000 Einwohnern, zu denen sich jährlich durchschnittlich 2 Millionen Touristen gesellen. Der spanische Name der Stadt bedeutet übersetzt „die Wiesen", doch von viel natürlich gewachsenem Grün kann heutzutage wahrlich nicht die Rede sein. Das war 1829, als der Mexikaner Rafael Rivera, Kundschafter eines Händlertrecks, als erster Nicht-Eingeborener hierherkam, noch anders. In dem Gebiet befinden sich artesische Quellen, die für üppige Vegetation sorgten, und so gab er dem Flecken den Namen Las Vegas. Erstmals richtig besiedelt wurde der Ort 1855 von Mormonen, die die Ansiedlung aber schon 2 Jahre später wieder aufgaben. In den 1860er Jahren erbaute die US-Armee ein Fort, was dazu führte, dass Siedler nachzogen und der Ort immer weiter wuchs. Am 15. Mai 1906 wurden Grundstücke an Spekulanten und Investoren versteigert und damit die Stadt Las Vegas offiziell gegründet.

Um die Stadt mit dem notwendigen Wasser zu versorgen, wurde zwischen 1931 und 1935 der naheliegende Hoover Dam gebaut. Die Legalisierung des Glücksspiels in Nevada im Jahre 1931 war der Startschuss für die rasante Entwicklung der Stadt zu dem touristischen „Hotspot", der sie heute noch ist. Aus den einfachen Spielbanken und Motels, die anfänglich teils auch von Mafiaclans errichtet und betrieben wurden, entwickelten sich bis heute luxuriöse Hotelkomplexe mit großen Casinos und unzähligen Freizeitangeboten. Die speziellen Eheschließungsgesetze in Nevada tun ihr Übriges und locken bis heute Heiratswillige aus der ganzen Welt in die Stadt.

Bekannt ist Las Vegas auch für die zahlreichen Shows, die in den Hotels geboten werden. Namhafte Künstler traten und treten noch heute in der Stadt auf, teils auch im Dauer-Engagement, wie z.b. Frank Sinatra, Elvis Presley, Siegfried & Roy, Celine Dion, Adele und viele andere.

Selbst der Formel-1-Rennzirkus hat die Stadt inzwischen als Austragungsort für Rennen auserkoren.

Es ist also nicht verwunderlich, dass die Haupteinnahmequelle der Stadt der Tourismus ist. Zumal auch die Umgebung von Las Vegas durchaus lohnende Ausflugsziele bietet, beispielsweise den Lake Mead, der Stausee, aus dem die Stadt ihr Wasser und Trinkwasser bezieht. Doch die Trockenheit ist ein großes Problem. Der Stausee war 1999 letztmals vollständig gefüllt, doch bis heute ist der Wasserspiegel um mehr als 30 Meter gesunken. Nicht selten muss die Stadt die Wassernutzung einschränken.

Auch das Valley of Fire mit seinen rot leuchtenden Felsformationen, der direkt an die Stadt angrenzende Red Rock Canyon und zahlreiche Wander- und Wintersportgebiete in den nahegelegenen Spring Mountains sind bei Touristen beliebt. Ausflüge zum Grand Canyon kann man als besonderes Highlight mit dem Helikopter machen.

Und vom Glücksspiel an den „einarmigen Banditen", Roulette- und Pokertischen, etc., wo man rund um die Uhr sein Geld verlieren (manchmal aber auch gewinnen) kann, wollen wir gar nicht erst reden.

In diese weltberühmte Stadt hinein fahren wir nun über die I-15, die parallel zum Strip verläuft. Hier rollt der Verkehr schneller, denn auch schon am frühen Abend ist der quer durch die Stadt verlaufende Prachtboulevard hoffnungslos verstopft. Doch über die Alternativstrecke klappt unsere Anreise ganz gut und gegen 19:30 Uhr parken wir unseren Wagen im Parkhaus des Flamingo Hotels.

Wie in allen großen Hotels in Las Vegas benötigen wir einige Zeit, um uns durch den lauten, bunt blinkenden, von unzähligen Menschen bevölkerten Casinobereich den Weg zur Rezeption zu bahnen.

Das Flamingo Hotel

Als wir den Rezeptionsbereich erreichen, sehen wir vor uns eine lange Schlange von Wartenden. Wir erkennen auch recht schnell, woran es liegt, dass das Einchecken der Gäste so lange dauert. Das Hotel hat auf Automaten-Check-In umgestellt, was bedeutet, dass sich die Gäste selbst einchecken müssen. Das klappt ganz offensichtlich nur bei den wenigsten und so stehen die Menschen ratlos an den Automaten und warten auf Unterstützung der leider nur wenigen, allerdings sehr freundlichen und hilfsbereiten Mitarbeiter.

Endlich sind wir an der Reihe und haben Glück, denn einer der fleißigen Helfer ist tatsächlich sofort zur Stelle, um uns und den Automaten zusammenzubringen. Und es klappt einwandfrei innerhalb weniger Minuten. Mit unseren Schlüsselkarten in der einen und den Koffern an der anderen Hand begeben wir uns zu den Fahrstühlen und betreten kurz darauf unser Zimmer in der 20. Etage des Hotels.

Unser Zimmer im Flamingo

Die Zimmer wurden erst vor wenigen Jahren komplett renoviert und wir bereuen es nicht, uns hier einquartiert zu haben. Die Betten sind groß und bequem, zudem gibt es eine gemütliche Couch. Das Badezimmer ist mit einer modernen Glas-Schiebetür vom Schlafbereich getrennt und wird sofort beleuchtet, sobald man die Tür zur Seite schiebt. Wir ruhen uns zunächst kurz aus, bevor wir uns frisch machen. So gemütlich das Zimmer ist, wir müssen es dennoch wieder verlassen, denn der Magen verlangt unweigerlich nach seinem Recht. Da wir noch nicht entschieden haben, was wir im weiteren Verlauf des Abends noch unternehmen wollen, begeben wir uns zunächst zum Food Court des Flamingo Hotels. Wir entdecken eine Filiale von Johnny Rockets, einem Burger-Restaurant, und so ist schnell entschieden, womit wir uns stärken werden.

Jeder von uns bestellt ein Menü, bestehend aus Burger mit Fritten und Kaltgetränk (für das es Refill gibt), zückt die Geldbörse - und muss tief Luft holen, als der freundliche Mitarbeiter für jedes Menü 25 Dollar verlangt. Wir sind halt in Las Vegas! Doch das Essen ist reichlich und lecker, so dass wir es dennoch nicht bereuen, hier zu essen.

Gesättigt und entspannt beschließen wir, noch einen Bummel über den Strip zu machen und streben quer durch das Casino einem der zahlreichen Ausgänge entgegen. Draußen angekommen greift meine Hand direkt zur Zigarettenpackung, denn es geht doch nichts über eine Zigarette nach dem Essen. Beim ersten Zug bemerke ich, dass meine beiden Begleiter grinsen und ich frage nach dem Grund. Sie loben mich, dass ich durch die langjährige Verbannung der Raucher vor die Türen von Gebäuden derart konditioniert bin, dass ich überhaupt nicht auf den Gedanken gekommen bin, die Zigarette schon im Casino anzustecken, denn das ist in Las Vegas erlaubt. Ich lache ebenfalls und gebe den beiden recht. Derart gelobt, schmeckt die Zigarette nochmal so gut.

Selbst jetzt am Abend ist es noch sehr warm in Las Vegas, so dass es auf dem Strip vor Menschen nur so wimmelt. Wir schlagen den Weg Richtung Süden ein, passieren das Paris Las Vegas, um dann an den Wasserspielen („Fountains of Bellagio") im großen künstlich angelegten See vor dem Hotel Bellagio zu verweilen. Die Wasserspiele finden zwischen 15 und 20 Uhr alle halbe Stunde statt, bis 24 Uhr dann sogar alle 15 Minuten, und sie ziehen immer wieder viele Zuschauer an. Hier wird eine richtige Show geboten, denn unter Wasser sind 1.200 Düsen installiert, zudem gibt es 4.500 Lichter. Während der Show tanzen die Wasserfontänen zu jeweils passender Musik und teilweise schießt das Wasser dann bis zu 140 Meter hoch. Natürlich lassen wir uns dieses Spektakel nicht entgehen, zumal es auch noch kostenlos ist.

Das Bellagio Hotel

Dann schlendern wir weiter, vorbei an den noch recht neuen Hotels Aria und Planet Hollywood, an unzähligen Shops und Restaurants, bis wir schließlich vorm MGM Grand Hotel gegenüber dem Hotel New York, New York stehen.

Abgesehen von den vielen neuen Hotels macht Las Vegas eigentlich den Eindruck, als sei alles wie immer. Es ist laut, es ist bunt, alles glitzert, die Autos stauen sich auf dem Strip, unzählige Menschen sind unterwegs, haben Drinks in der Hand, lachen, posieren für Fotos. Doch wir erkennen auch, dass viele der kleineren Ladenzeilen leerstehen - und wir sehen die vielen Obdachlosen, die sich in Ecken und Nischen zum Schlafen bereitmachen, manche sogar direkt auf dem Bürgersteig. Das war bei unseren früheren Aufenthalten nicht so.

Das Hotel-Casino New York New York am Strip

Hotel Paris Las Vegas

Wir machen kehrt und schlendern den Weg zurück zum Hotel, das wir, nun doch müde und leicht erschöpft, gegen 23:30 Uhr erreichen. Kurz erwägen wir, noch ein paar Dollar in einen der unzähligen Automaten zu stecken und unser Glück beim Spiel zu versuchen, doch die Müdigkeit siegt. So schlafen wir kurz darauf tief und fest dem nächsten, leider auch bereits letzten kompletten Tag unserer Reise entgegen.

14. Tag: Donnerstag, 13. Oktober 2022

Bereits vor dem ersten Weckerläuten sind wir wach. Unserem alltäglichen morgendlichen Ritual folgend mache ich mich als erste auf den Weg vom Zimmer hinunter auf die Straße, um die Temperaturen zu testen. Doch wie erwartet ist es in Las Vegas auch an diesem Morgen schon angenehm warm, was ich den anderen dann bei meiner Rückkehr berichte, damit auch sie die entsprechende Kleidung wählen können.

Hier im Flamingo-Hotel haben wir nur Übernachtung gebucht, Frühstück ist nicht im Preis enthalten. Also gilt es, uns selbst die morgendliche Mahlzeit zu beschaffen. Im Zuge der zahlreichen Umgestaltungsarbeiten, die in den letzten Jahren im Umfeld des Las Vegas Boulevards stattgefunden haben und noch immer stattfinden - alte Hotels werden abgerissen, neue werden gebaut - wurde hinter dem Flamingo auch eine kleine Fußgängerzone geschaffen. Hier reihen sich zahlreiche Lokale und Restaurants aneinander, die allesamt auch Frühstück anbieten. Doch vor beinahe jeder Tür stehen bereits zahlreiche Wartende, die wie wir auf ein leckeres Frühstück hoffen. Nachdem wir die kleine Straße erfolglos hinauf- und wieder heruntergebummelt sind, beschließen wir, ins Flamingo zurückzukehren. Dort begeben wir uns in den Shopping-Bereich und erreichen vor dem Ausgang zum Swimming Pool eine Snackbar, die auch Gebäck, Bagles, Obst, etc. zum Frühstück anbietet. Zwar herrscht auch hier ein gewisser Andrang, doch die fleißigen Mitarbeiter hinter dem Verkaufstresen arbeiten zügig, so dass wir nicht lange anstehen müssen, um Kaffee, Bagles, Muffins und Banane zum Frühstück zu bekommen. Wir ergattern sogar einen freien Tisch mit Blick hinaus auf den Pool - was will man mehr?

Alles schmeckt gut - und unser Geldbeutel wurde auch nicht allzu stark belastet.

Gegen 10:30 Uhr verlassen wir mit dem Auto das Parkhaus des Flamingo und fahren knapp 8 Kilometer zur Meadows Mall. In den nächsten zwei Stunden setzen wir alles daran, beim Shoppen auch noch unsere letzten Dollar loszuwerden - zum

Teil auch erfolgreich. Anschließend kehren wir zum Flamingo-Hotel zurück, stellen den Wagen wieder im Parkhaus ab und bringen unsere Einkäufe ins Zimmer. Nach einer kurzen Pause verlassen wir das Hotel wieder und gehen die kurze Strecke bis zur Monorail-Station, die direkt hinter dem Flamingo-Hotel liegt. Jeder von uns erwirbt ein Tagesticket für 15 Dollar, mit dem wir beliebig oft an diesem Tag diese Ein-Schienen-Bahn nutzen können, die zwischen dem Sahara-Hotel im Norden und dem MGM Grand Hotel im Süden der Stadt verkehrt und über insgesamt 7 Stationen verfügt.

Bereits kurz nachdem wir den Bahnsteig erreicht haben kommt die Bahn in südliche Richtung und wir fahren bis zum MGM Grand Hotel. Von dort nutzen wir das praktische System von langen Fußgängerbrücken und Fußwegen, um zum Excali-bur-Hotel zu bummeln, das schräg gegenüber dem MGM Hotel auf der südwestlichen Seite des Las Vegas Strip steht. In diesem Hotel haben wir bei meinem ersten Aufenthalt in Las Vegas vor gut 20 Jahren gewohnt (s. auch mein Buch „Vom Golden Gate zum Golden Nugget") und es hat sich so gut wie nichts hier verändert.

Wir gönnen uns einen Kaffee bei Starbucks und schauen uns entspannt den unaufhörlichen Strom der Touristen an, die an uns vorbeiflanieren. Dann reihen wir uns selbst in diesen Strom ein, verlassen das Hotel und bummeln auf dem Strip gemütlich zurück zum Flamingo-Hotel, wobei wir den ein oder anderen Zwischenstopp in den diversen kleineren und größeren Geschäften entlang des Wegs einlegen. Unverzichtbar sind dabei natürlich der Shop des HardRock Cafés und die M&M's World.

Etwas erschöpft und leicht verschwitzt treffen wir gegen 16:00 Uhr wieder im Flamingo-Hotel ein. Da am Abend noch ein letztes Highlight dieser Reise auf uns wartet, beschließen wir, jetzt bereits ein verspätetes Mittag- oder auch frühes Abendessen einzunehmen und uns anschließend noch auf dem Zimmer auszuruhen. So steuern wir erneut das Johnny Rockets an und gönnen unserem Körper eine Stärkung, der sich danach auf unserem Zimmer eine Erholungspause anschließt. Nachdem diese beendet ist, machen wir uns daran, unsere Koffer weitgehend zu packen, bis auf die Dinge und Kleidung, die wir noch benötigen. Dabei stellen wir fest, dass unsere Einkäufe bei weitem nicht das Volumen vorheriger Urlaube in den USA erreicht haben. Somit gestaltet sich das Kofferpacken relativ einfach.

Gegen 17:30 Uhr machen wir uns frisch und auch - im Rahmen der kleidungstechnischen Möglichkeiten nach einem 14-tägigen Urlaub mit „Leben aus dem Koffer" - ein wenig hübsch, denn wir werden ein Konzert besuchen! Um 19 Uhr tritt Barry Manilow im Westgate Hotel auf - und für uns, als eingefleischte Fans, stand schon bei der Planung der Reise fest, dass wir uns seine Show keinesfalls entgehen lassen wollten.

Barry Manilow wird in Deutschland, anders als in den USA und Großbritannien, nicht als der Entertainer, Sänger und Komponist wahrgenommen, der er ist. Er ist nicht nur der „Schmusesänger", dessen Hit „Mandy" fast als einziger auch bei uns bekannt ist. Seine Musik deckt viele Facetten ab, er beherrscht auch rockige Töne und versteht es, selbst große Hallen „zum Kochen" zu bringen. Das durften wir bereits bei mehreren seiner Konzerte in den USA und in England live erleben.

Unseren Junior konnten wir allerdings nicht überzeugen, sich uns anzuschließen, so wird er die Zeit bis zu unserer Rückkehr lesend auf dem Zimmer verbringen.

Wieder gehen wir zur Monorail-Station hinter dem Flamingo, doch diesmal nehmen wir die Bahn nach Norden, die praktischerweise genau am Westgate Hotel hält.

Die Strecke führt vorbei an der neuesten Attraktion der Stadt, der „Sphere at The Venetian Resort", kurz Sphere genannt, die jetzt, im Oktober 2022, allerdings noch nicht fertiggestellt ist. Dabei handelt es sich um das größte kugelförmige Gebäude der Welt, eine Mehrzweckhalle mit einem Durchmesser von 157 Metern und einer Außenfläche von 81.300 m². Von dieser Außenfläche sind 54.000 m² mit knapp 58 Millionen LEDs bestückt, die 1,2 Millionen Bildpunkte ergeben und damit die weltweit größte LED-Wand bilden. Damit ist es möglich, die LED-Außenhülle als Animationsfläche vollkommen beliebig zu gestalten. Jetzt allerdings wirkt das ganze Gebilde mit den Baukränen davor noch recht unscheinbar.

Wir steigen in die Monorail ein, die gut gefüllt ist. Und wir sind keineswegs überrascht, dass die Mehrheit der Fahrgäste aus Damen mittleren Alters besteht. Wir sind überzeugt, jede Wette zu gewinnen, wenn wir voraussagen würden, welche der Damen ebenfalls zum Konzert gehen.

Unsere Vermutungen erweisen sich als richtig, am Westgate Hotel steigen alle aus und wir müssen nur dem Strom dieser Damen - und auch einiger Herren - folgen, um zum Eingang des Hotels zu gelangen.

Schon hier am Eingang stehen freundliche Helfer bereit, die uns den Weg quer durch das Casino zum Konzertsaal weisen. Da Barry Manilow hier im Westgate quasi sein Hauptquartier hat und an mehreren Abenden in der Woche auftritt, führt der Weg in den Saal natürlich durch den Fanshop. Interessiert schauen wir uns um, doch entweder haben wir die angebotenen Fanartikel schon früher erworben oder sie sagen uns nicht wirklich zu. So verlassen wir den Shop tatsächlich ohne Kauf und betreten den Konzertsaal, das International Theater.

Da es bis zum Konzertbeginn noch eine knappe halbe Stunde dauern wird, ist der Saal noch relativ leer, so dass wir in Ruhe unsere Plätze aufsuchen können, ohne uns über ausgestreckte Beine quälen zu müssen. Wir stellen fest, dass wir bei Buchung der Tickets eine gute Wahl getroffen haben, denn die Plätze bieten eine sehr gute Sicht auf die Bühne. Die Minuten bis zum Konzertbeginn nutzen wir ausgiebig zum „Leute gucken", was sich als sehr lohnend erweist. Das Publikum ist gut gemischt, alt, jung, männlich, weiblich, in normaler Kleidung, in Galarobe, geschminkt oder ungeschminkt, aufgetakelt oder dezent, in schrillem Glitzer-Outfit, mit und ohne Federboa - es ist wirklich alles dabei.

Zum Konzertbeginn um 19 Uhr sind bis auf ganz wenige Ausnahmen alle 1607 Plätze des International Theater besetzt.

Barry Manilow tritt pünktlich auf, begleitet von seiner uns schon bekannten Live-Band und den Background-SängerInnen, die ihn stets begleiten. Und die Show hält auch diesmal, was wir uns versprochen haben. Perfektes Entertainment, das die Zuhörer mitreißt, so dass am Ende alle im Saal stehen, mitsingen und um Zugabe bitten.

Allerdings gibt es bei dieser fast allabendlichen Show von Barry Manilow einen großen Unterschied zu den immer gut zweistündigen Konzerten seiner Tourneen in Großbritannien: Da er hier in Las Vegas über mehrere Monate beinahe jeden Abend auftritt, ist das Konzert tatsächlich bereits nach 75 Minuten zu Ende, ohne Zugabe, aus und vorbei, auch wenn das Publikum noch lautstark singt und bettelt, der Star möge noch einmal auf die Bühne zurückkommen. Das Saallicht geht an, die Türen öffnen sich und eine Lautsprecherstimme fordert freundlich zum Verlassen des Saals auf. So ist Entertainment in den USA.

Das Ende einer tollen Show

Entsprechend überrascht ist unser Junior, als wir bereits um kurz nach 21 Uhr wieder unser Zimmer im Flamingo betreten und er fragt ernsthaft, ob das Konzert ausgefallen sei, da auch er andere Konzertlängen gewohnt ist.

Aber der Umstand des frühen Showendes bietet uns auch die Gelegenheit, einen letzten spätabendlichen Bummel über den Las Vegas Boulevard zu machen. Wir überqueren den Strip und flanieren vorbei am Cesar's Palace, dem Mirage und dem Treasure Island bis zur Fashion Show Mall, die aber jetzt, gegen 22 Uhr, bereits geschlossen ist.

Auch nachts herrscht noch dichter Verkehr auf dem Strip

   Wieder überqueren wir den Strip und gehen langsam, nun auf der gegenüberliegenden Straßenseite, zurück in Richtung des Flamingo. Allerdings nicht ohne einen Stopp im Venetian Hotel, in dessen Innerem wir einen Spaziergang entlang des nachge-bauten Canale Grande machen, auf dem auch jetzt noch immer Gondeln verkehren, deren Gondoliere inbrünstig singen (lassen

- vom Band). Das Licht am künstlichen Himmel über der venezianischen Szenerie ist auf Sonnenuntergang gedimmt. Eigentlich fehlen nur die unzähligen Tauben, die den Markusplatz im echten Venedig bevölkern, um die Illusion perfekt zu machen.

O sole mio.....

Nach dem Genuss dieser Idylle machen wir unsere unweigerlich letzten langsamen Schritte durch das noch immer dichte Gedränge der Menschen, die genau wie wir auf dem Strip die warme Nachtluft genießen.

Kurz nach 23 Uhr stehen wir wieder vor vom Flamingo Hotel. Nach einer letzten Zigarette für mich - und erneut immun gegen eine kurze Zockerei an einem der unzähligen „einarmigen Banditen" - schlendern wir zu den Fahrstühlen und begeben uns hinauf auf unser Zimmer. Da wir am nächsten Morgen ziemlich früh aufstehen müssen, legen wir uns dort recht zügig zum Schlafen nieder.

15. Tag: Freitag, 14. Oktober 2022

Ein letztes Mal genießen wir die Aussicht von unserem Zimmer hinunter auf die Pool-Landschaft des Flamingo-Hotels. Dank der Vorarbeit vom Tag zuvor haben wir die Morgenroutine und die letzten Kofferpack-Tätigkeiten recht schnell erledigt. Anschließend begeben wir uns mit all unseren Habseligkeiten hinunter in die Lobby, um auszuchecken. Der Vorgang läuft, wie bereits das Einchecken, am Automaten, auch das Bezahlen des Parkplatzes und der Erhalt eines letzten Ausfahrttickets aus dem Parkhaus. Diesmal ist kein Mitarbeiter zur Unterstützung in der Nähe, doch wir schaffen es binnen kurzer Zeit ohne Hilfe - wir sind stolz auf uns.

Das Gepäck ist schnell im Auto verstaut, schließlich haben wir darin Routine gesammelt, und wir verlassen kurz vor 8 Uhr am Morgen ein letztes Mal das Parkhaus des Flamingo-Hotels. Um diese Zeit herrscht nur wenig Verkehr, so dass wir die knapp 14 Kilometer zur Mietwagen-Rückgabestation am Flughafen, einschließlich eines kurzen Tankstopps, in einer guten halben Stunde bewältigt haben.

Auch die Rückgabe unseres während der gesamten Reise immer zuverlässigen Leihwagens, wie anfangs erwähnt ein Kia Sportage, verläuft problemlos. Nur auf den Shuttlebus, der uns zum Terminal bringt, müssen wir einige Zeit warten. Aber schließlich kommt auch der und wir stehen kurz darauf vor dem Abflugterminal. Da wir ausreichend Zeit eingeplant und jetzt auch zur Verfügung haben, genehmige ich mir noch zwei Zigaretten, da davon auszugehen ist, dass sie für ziemlich lange Zeit die letzten sein werden.

Im Terminal checken wir zügig ein, selbst die Sicherheitskontrolle bringen wir recht schnell und problemlos hinter uns. Da wir das Hotel ohne Frühstück verlassen haben, begeben wir uns, befreit von Gepäck und Zeitdruck, auf die Suche nach einer entsprechenden Verkaufsstelle mit einem hoffentlich ruhigen Plätzchen, um entspannt Kaffee und einen Snack zu uns zu nehmen. Unsere Suche ist schnell erfolgreich und wir stärken uns für die kommenden Stunden.

Dann ist es Zeit, zum Abfluggate zu gehen, wo es bei unserem Eintreffen schon ziemlich voll ist. Die Maschine nach Denver, von wo aus wir nach Frankfurt weiterfliegen werden, ist ausgebucht, wir haben nicht einmal zusammenhängende Sitzplätze bekommen. Da der Flug jedoch nur zweieinhalb Stunden dauert und die zugewiesenen Sitznachbarn recht nett sind, ist das okay.

Die Maschine startet pünktlich um 11:45 Uhr und nach einem ruhigen Flug landen wir wohlbehalten gegen 14:15 Uhr auf dem Internationalen Flughafen von Denver/Colorado.

Der Weiterflug nach Frankfurt ist für 15:20 Uhr vorgesehen, so dass wir genügend Zeit haben, uns in der Nähe des Abfluggates die Beine zu vertreten und sogar noch einen Kaffee zu genießen.

Schließlich ist es so weit und wir reihen uns in die Schlange für den Einstieg ins Flugzeug ein. Wie fast immer gibt es auch jetzt wieder Passagiere, die nicht mitbekommen haben (oder mitbekommen wollen), dass der Einstieg blockweise vorgenommen wird, so dass sie sich durch die Reihe der Wartenden drängeln. Aber wir nehmen es entspannt.

Irgendwann sitzt dann auch der letzte Passagier auf seinem Platz, alle Handgepäckstücke sind verstaut und die Maschine setzt sich in Bewegung.

Die Zeit an Bord, die insgesamt knapp 10 Stunden dauert, verbringen wir mit Filmen, Gesprächen, Essen, Trinken und Schlafen. Der Flug verläuft sehr ruhig, ohne Turbulenzen. So sind wir tatsächlich relativ gut ausgeruht, als am frühen Morgen die übliche Unruhe zum Ende eines Nachtfluges einsetzt, mit Andrang an den Toiletten und fleißigen Flugbegleitern, die einen belebenden Kaffee und Frühstück reichen.

Gegen 9:45 Uhr Ortszeit am Samstag, dem 15. Oktober 2022, setzt der Flieger sanft auf der Landebahn in Frankfurt auf. Wir begeben uns vom Gate direkt zum Gepäckband, wo nach wenigen Minuten die ersten Koffer aus der Tiefe auftauchen. Irgendwann sind dann auch zwei unserer Koffer dabei, doch der dritte (meiner) lässt auf sich warten. Die Menge der Wartenden am Gepäckband wird immer kleiner, doch wir stehen noch immer da und halten Ausschau. Ich werde bereits leicht nervös, da aus den Katakomben kaum noch weitere Gepäckstücke auf das Band befördert werden, doch dann taucht auch mein Koffer noch auf. Mit einem Seufzer der Erleichterung nehme ich ihn in Empfang und wir machen uns mit nur noch wenigen anderen Nachzüglern auf den Weg zur Pass- und Zollkontrolle. Die Passkontrolle geht schnell und am Zoll steht niemand, um uns zu kontrollieren.

So finden wir uns nach wenigen Schritten in der Flughafenhalle wieder. Ebenso wenige Schritte benötige ich, um draußen vor dem Gebäude die Raucherzone zu finden und die erste Zigarette nach der ach so langen Abstinenz zu genießen.

Als auch das erledigt ist, rufen wir in dem Hotel an, wo unser Auto geparkt ist, und fragen nach, wann und wo wir den Shuttlebus besteigen können. Doch wie eingangs bereits erwähnt, steht kein Bus zur Verfügung und wir müssen auf eigene Kosten ein Taxi nehmen.

Am Hotel angekommen suchen wir diesbezüglich noch einmal das Gespräch mit dem Mitarbeiter an der Rezeption, doch das ist vergeblich. So lassen wir uns verärgert den Schlüssel für unseren Wagen geben. Immerhin hat man es seitens des Hotels geschafft, diesen tatsächlich in der Hotelgarage zu parken. Während zwei von uns beim Gepäck bleiben, holt die dritte das Fahrzeug vor die Hoteltür und wir verstauen unser Gepäck und uns selbst im Wageninneren.

Noch kurz das Navi programmieren, dann geht es auf die Rückfahrt nach Dortmund. Da es inzwischen früher Nachmittag ist und samstags kaum Berufsverkehr herrscht, entscheiden wir, die Rückfahrt über die A45 mit der Streckenunterbrechung bei Lüdenscheid zu wagen und nicht den Umweg über die A3 und Köln zu nehmen. Tatsächlich erweist sich diese Entscheidung als richtig und für die 197 Kilometer bis nach Hause benötigen wir trotz der Ortsdurchfahrt in Lüdenscheid nur knapp 3 Stunden. So ist es 16:45 Uhr, als ich daheim die Tür aufschließe und dieser Urlaub endgültig beendet ist.

Wieder einmal ist es ein sehr schöner Urlaub mit unzähligen und unvergesslichen Eindrücken gewesen. Wir sind insgesamt knapp 4.000 Kilometer mit dem Auto durch Texas, New Mexico, Arizona und Nevada gefahren, haben beeindruckende Landschaften und Städte gesehen, bekamen Einblicke in historisch wichtige Ereignisse, sogar in die Urzeit, trafen auf Aliens, bestaunten technische Errungenschaften, durften sogar Mondgestein anfassen.

Wir begegneten durchweg netten Menschen, hatten Glück mit den von uns im Vorfeld der Reise ausgewählten und gebuchten Hotels. Auch wenn Unwetter zwei Reiseerlebnisse zunichte machten und unseren Reiseplan leicht durcheinander wirbelten, so war es eine rundum gelungene Reise durch einen Teil des riesigen Landes auf der anderen Seite des Atlantiks.

Vielleicht macht die hier von mir gegebene Schilderung des Reiseverlaufs dem einen oder der anderen Lust, diese Reise so oder ähnlich ebenfalls zu machen, das würde mich freuen.

Ich hoffe sehr, dass es mir irgendwann erneut möglich sein wird, eine Reise durch die USA zu machen - es gibt noch so vieles zu sehen und zu entdecken. Und gerne werde ich dann anschließend wieder darüber berichten.

ANHANG

Allgemeine Tipps für Reisen in die USA

EINREISE

Reisepass

Wer aus dem Ausland einreisen möchte, benötigt einen Reisepass, der noch mindestens sechs Monate nach dem geplanten Aufenthalt in den USA gültig sein muss, sofern keine sonstigen länderspezifischen Bestimmungen gelten. Gemeinsam reisende Familien benötigen für jedes Familienmitglied einen eigenen Reisepass. Das gilt auch für Kinder.

Geht ein Reisepass während des Aufenthalts verloren oder wird er gestohlen, sollte das sofort der Polizei gemeldet werden. Außerdem ist beim deutschen Konsulat bzw. der Botschaft ein Ersatzdokument zu beantragen. Informationen, was genau zu tun ist, bietet die Webseite des Konsulats / der Botschaft.

ESTA

Mit Hilfe des „Electronic System for Travel Authorization" (ESTA) ermitteln die Behörden automatisch, ob man berechtigt sind, in die USA einzureisen oder ob die Einreise ein Sicherheitsrisiko darstellt. Über die Website der Zoll- und Grenzschutzbehörde der USA („U.S. Customs and Border Protection") können Reisende vor Antritt der Reise online und neuerdings auch per App gegen eine entsprechende Gebühr eine ESTA-Genehmigung beantragen.

Ist alles in Ordnung, wird die Genehmigung meist schon am gleichen Tag erteilt.

Einreise per Flugzeug

Während eines Flugs in die USA erhält man an Bord die Zollerklärung 6059B. Alle Personen ohne US-Staatsbürgerschaft sind dazu verpflichtet, diese wahrheitsgemäß auszufüllen.

Nach der Landung passiert man den CBP-Bereich (Customs and Border Protection) für Einreise und Zollabfertigung. Die Einreise muss am Schalter von dem CBP-Beamten genehmigt werden. Ist das erledigt, kann man das Gepäck vom Band holen

und zum Zoll gehen, dazu sollte man die Zollerklärung ausge-
füllt zur Hand haben.

Die Zollbeamten haben das Recht, das Gepäck zu durchsu-
chen, auch wenn man nichts zu verzollen hat. Dabei ist zu
beachten:

Zollfrei: Für zollfreie Waren gelten Höchstmengen: 200 Zigaretten und 100 Zigarren pro Person (Mindestalter 18 Jahre), bis
zu einem Liter Alkohol pro Person (Mindestalter 21 Jahre) sowie
Geschenke und gekaufte Artikel mit einem maximalen Gesamt-
wert von 100 $.

Bargeld: Bargeld im Wert von 10.000 $ oder mehr (US-Dollar
oder andere Währung) muss angemeldet werden.

Einfuhrverbot: gefälschte Waren, kubanische Zigarren, die
meisten landwirtschaftlichen Erzeugnisse (pflanzlich und
Fleisch), Schusswaffen, kulturelle Gegenstände und Güter, Autos, Drogen und Zubehör für den Drogenkonsum. Das Mitfüh-
ren illegaler Drogen wird strafrechtlich verfolgt.

WISSENSWERTES FÜR DEN AUFENTHALT

Feiertage in den USA:

Bei der Reiseplanung sollten Feiertage und andere kulturelle
Ereignisse berücksichtigt werden. An diesen Tagen sind Schu-
len, Regierungseinrichtungen und die meisten Geschäfte geschlossen. Das bedeutet, dass viele Attraktionen, Museen und
Veranstaltungen entweder stark besucht oder geschlossen sind.

Die wichtigsten Feiertage sind:
New Year's Day: 1. Januar
Martin Luther King Jr. Day: dritter Montag im Januar
Presidents' Day: dritter Montag im Februar
Memorial Day: letzter Montag im Mai
Independence Day: 4. Juli
Labor Day: erster Montag im September
Columbus Day: zweiter Montag im Oktober
Veterans Day: 11. November
Thanksgiving: vierter Donnerstag im November
Christmas Day: 25. Dezember

Es gibt noch viele andere nicht offizielle Feiertage und jährlich stattfindende Ereignisse in den USA. An diesen Tagen sind die meisten Geschäfte - mit ein paar Einschränkungen - geöffnet, Reisen können jedoch teurer sein.

Super Bowl Sunday: Findet alljährlich am ersten Sonntag im Februar statt.

Valentine's Day: 14. Februar

St. Patrick's Day: Der 17. März ist der Tag der irischen Kultur.

Halloween: Jährlich am 31. Oktober.

Wetter

Die USA sind ein sehr großes Land. Folglich können sich Klima und Wetter je nach Jahreszeit und Reiseziel enorm unterscheiden.

Im Sommer ist es in den nördlichen Bundesstaaten tagsüber warm, oft sogar heiß, während die Temperaturen am Morgen und nachts kühler sind. Im Süden und in den tropischen Regionen wird es sehr heiß.

Im Herbst sinken die Temperaturen überall. Diese Jahreszeit ist vor allem im Norden sehr beliebt, denn dann leuchten die Blätter in bunten Herbstfarben (Indian Summer).

Im Süden ist der Winter recht mild, während im Norden, Nordosten, im Mittleren Westen, in den Bergen im Westen und in den Great Plains oft mit kühleren Temperaturen und Schneefall zu rechnen ist.

Im Frühjahr steigen die Temperaturen allmählich wieder und im ganzen Land sind Gewitter und starke Regenschauer bis in die Sommermonate weit verbreitet.

Zeitzonen und allgemeine Öffnungszeiten in den USA

Uhrzeiten werden in den USA nach der 12-Stunden-Zählung angegeben und zur Unterscheidung durch „a.m." („vor Mittag") oder „p.m." („nach Mittag") ergänzt. Die Zeitangabe „8 o'clock" kann also 8 Uhr oder 20 Uhr bedeuten. Im Zweifelsfall sollte man nachfragen, ob a.m. oder p.m. gemeint ist, denn den meisten Amerikanern ist die 24-Stunden-Zählung nicht geläufig.

Zeitzonen

In den kontinentalen Vereinigten Staaten (ohne die Territorien) gelten folgende Zeitzonen:
Eastern Standard Time (EST)
Central Standard Time (CST)
Mountain Standard Time (MST)
Pacific Standard Time (PST)

Sommerzeit

In den USA gibt es eine Sommerzeit. Am zweiten Sonntag im März wird die Uhr eine Stunde vorgestellt, am ersten Sonntag im November eine Stunde zurück.
Arizona hat keine Sommerzeit.

Maßeinheiten

In den USA wird die Temperatur in Fahrenheit (°F) statt in Celsius (°C) gemessen. Bei Längen- und Gewichtsangaben verwenden die Amerikaner nicht das metrische System.

Nachstehend ein paar Angaben für eine leichtere Umrechnung:
1 Meile = 1,6 Kilometer
1 Yard (3 Fuß) = 0,91 Meter
1 Fuß = 0,3 Meter
1 Inch = 25,4 Millimeter
1 Pfund = 0,45 Kilogramm
1 Unze = 28,3 Gramm
1 Gallone = 3,79 Liter
32° Fahrenheit = 0° Celsius
75° Fahrenheit = 24° Celsius

Elektrizität

Strom und Steckdosen sind in den USA standardisiert. Die Spannung beträgt 110/120 Volt. Ausländische Touristen benötigen deshalb meist einen Spannungswandler und/oder einen Steckdosenadapter, um Geräte verwenden zu können, die mit 220/240 Volt betrieben werden. Spannungswandler und Adapter sind in den meisten Touristengeschäften, großen Läden wie WalMart und Target sowie in Elektrogeschäften erhältlich. In vielen Hotels und Unterkünften gibt es USB-Anschlüsse für Ladegeräte.

RUND UMS GELD

Währung / Bezahlen

Die offizielle Währung der USA ist der US-Dollar. Geld umtauschen kann man im Heimatland, am Flughafen oder an verschiedenen Orten in den USA, z. B. bei Banken. Es wird aber davon abgeraten, auf Reisen große Mengen Bargeld bei sich zu führen.

Bargeld vom Geldautomaten

In den USA gibt es ca. 425.000 Geldautomaten („ATMs"). Beim Abheben können evtl. Gebühren anfallen, z.b. für die Nutzung bankfremder Automaten (bis zu 3 USD pro Transaktion), für die Bearbeitung oder für internationale Transaktionen. Am besten vorher bei der eigenen Bank oder dem eigenen Kreditkartenanbieter nach den genauen Konditionen erkundigen. An Geldautomaten erhält man oft den günstigsten Wechselkurs, wobei man sich zuvor über den jeweils aktuellen Kurs informieren sollte, um keine böse Überraschung zu erleben.

Kreditkarten

Kreditkarten sind in den USA sehr beliebt und fast schon gängigstes Zahlungsmittel. Einige Kreditkartenanbieter berechnen eventuell Wechselkurs- und Auslandsgebühren. Es ist ratsam, eine Fotokopie aller Karten mit den internationalen Telefonnummern der Kredtkartenanbieter mitzunehmen und separat aufzubewahren, für den Fall, dass man seine Kreditkarte verliert, sie gestohlen wird oder nicht mehr funktioniert.

Vor der Abreise sollte man auch seine Bank informieren, um sicherzustellen, dass die Kreditkarten bei Ankunft in den USA ordnungsgemäß funktionieren.

Reiseschecks

Reiseschecks haben im Vergleich zu Bargeld einen entscheidenden Vorteil: Wenn man sie verliert oder sie gestohlen werden, können sie telefonisch kostenlos ersetzt werden. Reiseschecks sind vor allem in den Stückelungen 20 $, 50 $ und 100 $ erhältlich. Man bekommt sie bei Banken oder Unternehmen wie American Express.

MOBILITÄT

Autofahren generell

In den USA gilt Rechtsverkehr. Die angegebenen Geschwindigkeitsbegrenzungen sollten strikt beachtet werden. Verstöße kosten eine Menge Geld.

Auf mehrspurigen Highways / Interstates darf auch rechts überholt werden.

Flexibel mit einem Mietfahrzeug

Das Fahren mit einem Mietwagen ist die unabhängigste Art, durch die USA zu reisen, man ist flexibel und kann all die Ziele ansteuern, die man sehen will. Allein entlang des insgesamt 75.439 km langen Interstate-Highway-Netzes gibt es unzählige lohnende Ziele.

Doch natürlich gibt es Regeln und einige andere Dinge zu beachten.

Highways und Maut

In den USA gibt es ein gut ausgebautes landesweites Highway-System. Einige dieser Schnellstraßen und auch Brücken sind mautpflichtig und die Kosten können sich schnell summieren. Die Zahlweise ist je nach System unterschiedlich. Oft kann man die Mautgebühr aber bar, mit Kreditkarte oder einem elektronischen Pass bezahlen, bei dem die Gebühr automatisch der Kreditkarte belastet wird, sodass man an den Mautstellen nicht extra anhalten muss. Elektronische Pässe sind bei vielen Mietwagengesellschaften erhältlich. Damit wird bei Fahrzeugrückgabe die gesamte während der Fahrt angefallene Gebühr in Rechnung gestellt.

Mietwagen

Niederlassungen von Mietwagengesellschaften findet man an den meisten Flughäfen sowie in allen größeren Städten, aber auch an beliebten Touristenzielen. Die günstigsten Tarife erhält man fast immer, wenn man im Voraus bucht.

Aufgrund eigener Erfahrungen ist es ratsam, bei der gebuchten Fahrzeugklasse auf jeden Fall auf die Größe des Kofferraums zu achten. Auch bei SUV's kann dieser schnell zu klein werden, wenn man zwischendurch Shopping-Touren unternimmt.

Bevor man sich mit einem Mietwagen auf die Fahrt begibt, ist Folgendes zu beachten:

Kraftstoff

Kraftstoff wird in den USA in Gallonen verkauft (3,79 Liter) und ist in drei Oktanstufen erhältlich: Regular, Plus und Premium. Für die meisten Mietfahrzeuge ist Regular ausreichend. Internationale Debit- oder Kreditkarten werden von den Zahlungsmaschinen an den Zapfsäulen häufig nicht akzeptiert, da dort aus Sicherheitsgründen eine amerikanische Postleitzahl eingegeben werden muss. In diesen Fällen muss man in der Tankstelle an der Kasse bezahlen.

Anhalter

Das Mitnehmen von Anhaltern ist auf den Interstate Highways untersagt.

Schulbusse

Ein rot blinkender Schulbus darf nicht überholt oder passiert werden.

RUND UMS WOHNEN WÄHREND DER REISE

Hotels / Unterkünfte

Überall in den USA gibt es Hotels, Motels, Ferienwohnungen, Campingplätze, etc.

Für welche Kategorie man sich entscheidet, hängt letztlich vom eigenen Geldbeutel und von dem gewünschten Komfort ab.

In den meisten Hotels und Motels sind die Zimmer mit zwei großen Betten ausgestattet, die fast immer Platz für 4 Personen bieten. Die Preise werden pro Zimmer berechnet.

In vielen Hotels / Motels ist inzwischen auch das Frühstück im Preis enthalten.

Oft stehen ganzjährig Ferienhäuser, Ferienwohnungen und Ferienapartments zur Miete zur Verfügung. Auch deren Ausstattung hängt von der Preisklasse ab. Oft gibt es aber mehrere Schlafzimmer, Fernseher und Möglichkeiten zum Wäschewaschen. Die Art der Unterkünfte reicht von einfachen Mietapartments bis hin zu Luxusvillen und Häusern. Informationen zu Mietangeboten am Urlaubsziel bekommt man bei zahlreichen Buchungsplattformen oder auch klassisch bei örtlichen Tourist Informationen.

Auch immer mehr Privateigentümer vermieten ihr Zuhause. Solche Unterkünfte gibt es inzwischen so gut wie überall. Geeignete Mietangebote findet man auf Community Websites wie VRBO und Airbnb. Zusätzlich zum Mietpreis fällt dabei eine Servicegebühr an. In einigen Städten ist diese Art der Vermietung verboten, sodass man sich besser vorab erkundigt.

Bed & Breakfasts (B&Bs)

B&Bs sind kleiner als Hotels und meist familiär. Zudem ist das Frühstück im Übernachtungspreis enthalten. Die meisten B&Bs werden unabhängig geführt. Wer Wert auf ein eigenes Bad legt, sollte sich vorab erkundigen, denn einige B&Bs haben nur Badezimmer zur gemeinsamen Nutzung. Auch wer mit Kindern unterwegs ist, fragt besser erst im B&B an, ob Kinder willkommen sind und ob es spezielle Kinderangebote gibt. Einige B&Bs haben Vorgaben zur Mindestaufenthaltsdauer oder dem Mindestalter der Gäste bzw. lehnen die Unterbringung von Kindern generell ab. Eine Liste der B&Bs vor Ort findet man meist auf der Website des Urlaubsziels.

Campingplätze

Die USA sind ein Paradies für Campingfreunde. Neben staatlichen Campingplätzen, die auf nationaler oder bundesstaatlicher Ebene betrieben werden und mit Duschen und Spielplätzen ausgestattet sind, gibt es auch private Anlagen mit Swimmingpools, Wi-Fi und kleinen Lebensmittelläden. Die meisten Campingplätze in den Nationalwäldern, Nationalparks und an den Wasserstraßen sind staatlich geführt.

Viele Campingplätze sind das ganze Jahr über geöffnet und bieten die Möglichkeit, die Wälder und Parks hautnah zu erleben.

Reservierungen für staatlich verwaltete Campingplätze können unter Recreation.gov vorgenommen werden. Hier gibt es auch weitere Informationen.

WISSENSWERT FÜR DIE ZEIT DES AUFENTHALTES

Öffnungszeiten

Die Öffnungszeiten variieren je nach Region stark. In den großen Städten sind die Geschäfte länger oder sogar rund um die Uhr geöffnet; in kleineren Ortschaften kann dies ganz anders aussehen.

Im Folgenden einige übliche Geschäftszeiten in den USA:

Banken:
Montag bis Donnerstag: 9–17 Uhr
Freitag: 9–18 Uhr
Samstag: 9–12 Uhr
Sonntag: Geschlossen
Geldautomaten sind 24/7 zugänglich.

Post:
Montag bis Freitag: 8:30–17 Uhr
Samstag: 9–12 Uhr

Einkaufszentren:
Montag bis Samstag: 10–21 Uhr
Sonntag: 11–18 Uhr

Supermärkte:
Täglich: 8–20 Uhr
Einige Märkte sind rund um die Uhr geöffnet.

Convenience Stores:
Rund um die Uhr oder bis Mitternacht. Hier findet man Lebensmittel, Getränke, Hygieneartikel und andere Produkte des täglichen Bedarfs.

Shopping

So gut wie jede amerikanische Stadt verfügt über mindestens ein großes Einkaufszentrum. In diesen Shopping Malls findet man eine Reihe verschiedener Läden, von günstigen Kaufhäusern, in denen man so ziemlich alles kaufen kann, bis hin zu kleineren Geschäften und Boutiquen, die vor allem Designer-Marken anbieten.

Outlet Malls sind perfekt, um sich neue Kleidung, Accessoires und vieles mehr zuzulegen. Viele Designermarken haben eigene Outlets, wo sie Kleidung und Artikel anbieten, die nicht mehr in regulären Einkaufsläden verkauft werden. Meist liegen Outlets etwas weiter von den üblichen Shopping Malls entfernt.

Zudem gibt es in allen Zentren zahlreiche Restaurants und Cafés und in den größeren sogar Kinos und andere Unterhaltungsangebote.

Beim Einkauf sollten immer die gesetzlichen Einkaufsregelungen und Zollbestimmungen des Heimatlandes beachtet werden, sonst gibt es möglicherweise Probleme bei der Rückkehr.

Einkaufen und Mehrwertsteuer

Die Verkaufssteuer/Mehrwertsteuer ist im Preis von Produkten oder Dienstleistungen in den USA nicht enthalten. Sie wird erst beim Bezahlen an der Kasse aufgeschlagen. Grund dafür ist, dass sich die Höhe der Steuern je nach Bundesstaat deutlich unterscheidet.

Alaska, Delaware, Montana, New Hampshire und Oregon berechnen gar keine Verkaufssteuer und sind deshalb beliebte Shopping-Ziele. Einige Bundesstaaten wie New Jersey, Minnesota und Pennsylvania berechnen keine Mehrwertsteuer auf Kleidungsartikel. In anderen Bundesstaaten gilt diese Steuerbefreiung auf Kleidungsartikel nur bis zu einer bestimmten Preisgrenze und schließt oft Accessoires und Sportartikel aus. Die Umsatz- und Mehrwertsteuer liegt in den einzelnen Bundesstaaten zwischen knapp 3 und 7,5 Prozent. Allerdings können Countys und Städte zusätzliche Verkaufssteuern erheben. Auch bei Serviceleistungen fallen eventuell Steuern an. Hotelzimmer und Mietfahrzeuge werden in der Regel höher besteuert - der genaue Steuersatz richtet sich nach dem Bundesstaat und kann sogar von Stadt zu Stadt unterschiedlich sein.

Steuerrückerstattungen

Besucher können sich die Verkaufssteuer nicht von der US-Regierung zurückerstatten lassen, denn die Verkaufssteuer wird von den einzelnen Bundesstaaten erhoben. Plant man eine größere Anschaffung (z. B. den Kauf eines Autos) und will diese aus dem Land ausführen, sollte die Finanzbehörde im jeweiligen Bundesstaat kontaktiert werden. Dort erhält man genaue Auskunft über die Bedingungen zur Rückerstattung von Umsatz- oder Mehrwertsteuern. Einige Bundesstaaten wie Louisiana und Texas bieten ausländischen Besuchern die Möglichkeit, steuerfrei einzukaufen.

ESSEN UND TRINKEN

Leitungswasser

In den meisten Restaurants und an vielen öffentlichen Plätzen gibt es Leitungswasser gratis. Das Wasser in den USA ist gesetzlich geschützt und besitzt Trinkwasserqualität.

Spezielle Ernährungsanforderungen

Restaurants in den USA gehen fast immer gern auf bestimmte Ernährungswünsche ein, die aus religiösen oder anderen Gründen geäußert werden. So sind vegetarische, vegane, gluten-

oder laktosefreie Gerichte auf Anfrage erhältlich. Auf vielen Speisekarten sind diese Produkte bereits gekennzeichnet. Personen mit Lebensmittelallergien oder sonstigen Unverträglichkeiten sollten darum bitten, dies bei der Zubereitung ihrer Mahlzeiten zu berücksichtigen.

Auswärts essen

Die Gastronomie ist extrem vielfältig. Vom rund um die Uhr geöffneten Imbiss bis hin zu Fünf-Sterne-Restaurants gibt es Lokale für jeden Geschmack und Geldbeutel.

Essenszeiten

In den USA richten sich die Essenszeiten oftmals nach den Arbeitszeiten und sozialen oder beruflichen Verpflichtungen. Wann gegessen wird, kann also ganz unterschiedlich sein, ob man nun in einem Restaurant isst oder privat eingeladen wird.

Typische Essenszeiten in den USA:
Frühstück: 7 bis10 Uhr
Brunch: meist am Wochenende von 11 bis 15 Uhr
Mittagessen: 11:30 bis 13:30 Uhr
Happy Hour: Viele Bars und Restaurants bieten von 17–18 Uhr vergünstigte Preise bei Getränken und Snacks.
Abendessen: 17:30 bis 20 Uhr

Etikette

Während viele Restaurants eher leger sind, sollte man seinen Kleidungsstil in gehobeneren Hotels an das Ambiente anpassen. Am besten vorab im Restaurant nachfragen, wenn man sich unsicher ist, welche Garderobe angemessen ist.

In einigen Restaurants sind Reservierungen erforderlich. Das geht telefonisch, persönlich vor Ort oder inzwischen häufig auch über die Website des Restaurants oder Websites wie OpenTable und Yelp.

Trinkgeld

Trinkgelder sind überall in den USA üblich, vor allem in Restaurants. Bezüglich des Trinkgelds gibt es regionale Unterschiede, man sollte aber immer bedenken, dass die meisten

Servicemitarbeiter auf Trinkgelder angewiesen sind, da sie einen Großteil ihres Einkommens ausmachen.

Mit den folgenden Faustregeln macht man beim Trinkgeld nichts falsch:

Restaurants: 15–20 Prozent für Mahlzeiten, die am Tisch serviert werden, bzw. 10 Prozent für ein Büfett

Servicegebühr: Einige Restaurants erheben ab sechs Gästen automatisch eine Servicegebühr. Diese wird für gewöhnlich auf der Speisekarte oder auf dem Zahlbeleg ausgewiesen.

Barkeeper: 1 USD pro Drink oder 15–20 Prozent des Rechnungsbetrags

Hotelpagen: 1–2 USD pro Gepäckstück

Taxifahrer: 10–18 Prozent des Rechnungsbetrags

Fahrer von Shuttlebussen: 1–2 USD pro Gepäckstück

Zimmermädchen: 2–5 USD pro Nacht

Valet-Service: 3–5 USD bei Abholung des Fahrzeugs

Reiseführer: 10–20 Prozent, je nach Service

Spa-Behandlungen, Frisör, Maniküre: 10–20 Prozent

KOMMUNIKATION IN SPRACHE UND SCHRIFT

WLAN

WLAN (Wi-Fi) steht überall in den USA zur Verfügung. In vielen Cafés, Restaurants und öffentlichen Bibliotheken wird kostenloses WLAN angeboten.

Viele Unterkünfte bieten WLAN für Laptops, Tablets und Smartphones an. Während die Wi-Fi-Nutzung in Luxushotels häufig kostenpflichtig ist, ist sie in günstigeren Hotels fast immer kostenlos. Einige Hotels bieten WLAN nur in der Lobby an oder stellen Computer für Gäste in der Lobby bereit. Wenn man Wert auf kostenlosen WLAN-Zugang legt, erkundigt man sich am besten vor der Reservierung nach den genauen Konditionen des Hotels.

In der Regel wird WLAN auch in Zügen, Bussen und Flugzeugen angeboten. Auf Inlandsflügen dürfen Passagiere ihre Computer, Tablets, Lesegeräte und Smartphones verwenden, sofern sie den Flugmodus aktiviert haben.

Telefonieren

In den USA telefoniert man sowohl über das Fest- als auch über das Mobilnetz. Alle Telefonnummern bestehen aus einer dreistelligen Ortsvorwahl, gefolgt von einer siebenstelligen Telefonnummer.

Mobiltelefone

Inzwischen funktionieren so gut wie alle Mobiltelefone auch in den USA. Im Zweifel sollte man sich vor der Reise bei seinem Mobilfunkanbieter erkundigen.

Mobil- und Datentarife sind außerhalb des Heimnetzes oft sehr teuer.

Viele Mobilfunkanbieter haben verschiedene Auslandstarife im Angebot, mit denen man vor Ort Geld sparen kann. Wenn man auf einen gesonderten Auslandstarif verzichtet, kann man die Datenoption auf dem Smartphone deaktivieren (oder den Flugmodus beibehalten) und sich einfach über WLAN-Netze anmelden, wenn sie verfügbar sind.

Bei einem längeren Aufenthalt in den USA lohnt sich der Kauf eines „Wegwerf-Handys" oder einer US-amerikanischen SIM-Karte bei einem Mobilfunkhändler. Ganz wichtig: Kennwort festlegen, damit die persönlichen Daten bei einem eventuellen Verlust oder Diebstahl des Telefons geschützt sind.

Festnetztelefon

Auch Telefonzellen gibt es noch in den USA, obwohl es seit der Einführung der Mobiltelefone nur noch weniger als 500.000 landesweit sind. Ein Ortsgespräch kostet in der Regel 25 oder 50 Cent.

In den meisten Unterkünften wie Hotels, Motels oder B&Bs gibt es Gästetelefone auf dem Zimmer. Für die Nutzung wird aber oft ein Aufschlag berechnet – unabhängig davon, ob man ein Orts- oder Ferngespräch führt oder bei einer gebührenfreien Nummer anruft.

Prepaid-Karten

Prepaid-Karten bieten den Vorteil, dass man damit Ferngespräche zum Pauschalpreis führen kann und so die Kosten im

Blick behält. Die Prepaid-Karten können in Telefonzellen oder an Telefonen in Hotels genutzt werden.

Notrufe

Alle Notrufe von Münz- und Hoteltelefonen sind kostenlos. Dazu gehören 911-Anrufe bei der Polizei und Anrufe beim TRS (Telecommunications Relay Service) - mit diesem Service können Menschen mit Hör- oder Sprachbehinderung mit regulären Telefonbenutzern kommunizieren. Für Anrufe bei gebührenfreien Nummern und Anrufe, die über Telefon- oder Kreditkarte abgerechnet werden, braucht man an öffentlichen Telefonen ebenfalls keine Münzen.

Post

Beim Versand von Postkarten oder Einkäufen, die man vorab nach Hause versenden will, hat man verschiedene Möglichkeiten.

Die günstigste Option ist wahrscheinlich der United States Postal Service (USPS). Briefmarken bekommt man auf jedem Postamt oder online unter usps.com. Daneben sind Briefmarken auch bei Einzelhändlern wie Office Depot, WalMart oder Walgreens erhältlich.

Postkarten und Briefe kann man in einen Briefkasten einwerfen oder auf der Post abgeben. In vielen Hotels ist es auch möglich, die Post einem Mitarbeiter an der Rezeption zu übergeben - einfach mal fragen.

Außerdem kann man Päckchen und Pakete auch mit DHL, FedEx und United Parcel Service (UPS) versenden.

ETIKETTE

Fotografieren

Seit inzwischen so gut wie jeder ein Smartphone besitzt, ist es leichter denn je, Fotos zu knipsen und Videos aufzunehmen. Dennoch bestehen dabei bestimmte Einschränkungen. In der Regel sind Aufnahmen in Theatern, Kinos, Konzerten und in bestimmten Museumsbereichen verboten, um die Kunstwerke und Exponate vor schädlichem Blitzlicht zu schützen. Auch auf

Privatgelände darf man möglicherweise nicht einfach drauflos fotografieren.

Außerdem sollte bedacht werden, dass nicht jeder gern fotografiert werden möchte, im Zweifelsfall sollte die Privatsphäre anderer Personen unbedingt respektiert werden. Bestimmte Bevölkerungsgruppen in den USA haben aufgrund ihrer Kultur eine tiefe Abneigung gegenüber Fotos und Videos. Viele Amische glauben z.b., dass es gegen ein biblisches Gebot verstößt, sich fotografieren zu lassen – besonders, wenn dabei das Gesicht gezeigt wird. Daher sollte man sich rücksichtsvoll verhalten und es am besten ganz unterlassen, die Amischen zu fotografieren.

WENN DOCH MAL WAS PASSIERT...

Im Krankheitsfall

Ärztliche Hilfe bekommt man in den USA bei Bedarf von unterschiedlichen Stellen. Am besten erkundigt man sich noch vor Antritt der Reise bei seiner Krankenversicherung, ob der Auslandsschutz für die USA gilt. Wenn ja, trägt man seine Versichertenkarte am besten immer bei sich. Andernfalls empfiehlt sich der Abschluss einer geeigneten Reise- oder Auslandsversicherung.

Arztbehandlungen oder Krankenhausaufenthalte können ohne ausreichenden Versicherungsschutz sehr teuer werden.

Man sollte auch nachfragen, ob der Versicherungsanbieter im Ernstfall den Rücktransport in die Heimat übernimmt, sollte dies aus medizinischen Gründen erforderlich sein.

Krankenhäuser

Alle Großstädte und größeren Ortschaften haben mindestens ein Krankenhaus. Eine Liste der örtlichen Krankenhäuser liegt in den meisten Unterkünften an der Rezeption aus.

Ambulanzen und Notfallzentren

In den USA sind es „Health Clinics" und „Urgent Care Center", die Krankheiten oder Verletzungen behandeln, die nicht lebensbedrohlich sind. Auch in vielen Apotheken gibt es einen Ambulanzbereich, in dem man sich ohne Termin von medizinischem Fachpersonal beraten lassen kann. Informationen zu solchen Einrichtungen bekommt man in der Regel im Hotel bzw. in der Unterkunft.

(Natur-)Katastrophen

Bei Überflutungen, Tornados, Wirbelstürmen, Erdbeben und anderen (Natur-)Katastrophen tritt in den USA ein streng geregeltes Notfallmanagementsystem in Kraft, an dem die Behörden auf nationaler, bundesstaatlicher und kommunaler Ebene beteiligt sind. Informationen zum Verhalten bei Naturkatastrophen oder einem Gesundheitsnotstand bekommt man auf der Website des US-Ministeriums für Gesundheitspflege und Soziale Dienste.

Notfälle

Die allgemeine Notrufnummer 911 kann in den USA von jedem Telefon aus gebührenfrei angerufen werden. Die 911-Mitarbeiter sind speziell darin geschult, die zuständigen Einsatz- und Hilfskräfte - Polizei, Feuerwehr oder Notarzt - zu verständigen, falls dies erforderlich ist. Bei medizinischen oder anderen Notfällen sollte man nicht zögern, die Nummer 911 anzurufen, z.B. bei Autounfällen oder Bränden sowie in Situationen, in denen man eine Straftat beobachtet. Wer kein Englisch spricht, kann einen Übersetzungsdienst für die betreffende Sprache anfordern. SMS-Mitteilungen an die Notrufnummer 911 sind nicht möglich - man muss anrufen.

Wichtige Telefonnummern

Notruf (Polizei/Feuerwehr/Notarzt): 911
Telefonauskunft für Ortsgespräche: 411
Verkehrsmeldungen zu Staus/Baustellen auf Highways: 511

ALKOHOL / ZIGARETTEN / DROGEN

Alkohol

Das Mindestalter für den Alkoholkonsum liegt in den USA bei 21 Jahren. Jugendliche unter 21 dürfen alkoholische Getränke weder kaufen noch konsumieren oder bei sich führen. Personen, die jünger als 21 Jahre wirken, müssen nach dem Ausweis gefragt werden. Um zu bestätigen, dass man das Mindestalter für den Alkoholkonsum erreicht hat, ist ein amtliches Ausweisdokument erforderlich, z.B. der Pass, Führerschein oder Personalausweis. Ohne gültigen Ausweis darf kein Alkohol serviert werden. Fotokopien sind nicht gestattet. Auch wenn man keinen Alkohol konsumiert, erhalten Personen unter 21 Jahren keinen Zugang zu vielen Bars und Clubs. Minderjährige, die Alkohol konsumieren, müssen ebenso mit einer Strafanzeige rechnen wie diejenigen, die ihnen den Alkohol gegeben haben.

Die Gesetze zum Kauf und Verkauf von Alkohol sowie zum Trinken in der Öffentlichkeit sind je nach Region unterschiedlich. Auch die Regelungen dazu, an welchen Tagen, zu welchen Uhrzeiten und in welchen Arten von Geschäften Alkohol verkauft werden darf, variieren von Ort zu Ort. Falls das für Reisende relevant ist, sollte man sich vorab am jeweiligen Reiseziel erkundigen.

Regelungen zum Fahren unter Alkohol- und Drogeneinfluss werden in den USA strikt durchgesetzt. Autofahren unter Alkoholeinfluss gilt in allen Bundesstaaten als Straftat, auch wenn sich die genauen Gesetze und Strafen je nach Staat unterscheiden.

Rauchen

Der Erwerb von Zigaretten ist in den meisten Bundesstaaten ab 18 Jahren gestattet. Hawaii hat als erster Staat das Alter für den Kauf von Tabakprodukten auf 21 Jahre angehoben.

Zigaretten sind in den USA sehr teuer. Wer während des Aufenthalts nicht aufs Rauchen verzichten will/kann, sollte sich einen entsprechenden Vorrat von zuhause mitnehmen - dabei aber die zollrechtlichen Bestimmungen zur Einfuhr unbedingt beachten.

Manchmal kann man die Glimmstängel an Tankstellen günstiger erwerben, häufig sind sie auch in den Indianerreservaten billiger.

Das Rauchen von Zigaretten oder Zigarren ist auf sämtlichen Inlandsflügen und in allen Gebäuden, die der Bundesaufsicht unterstehen, gesetzlich untersagt. In vielen Bundesstaaten und Gemeinden gilt auch Rauchverbot an öffentlichen Orten wie Büros, Kinos, Einkaufszentren, Restaurants und Bars, während es andernorts gar keine Einschränkungen zum Rauchen gibt. Im Zweifelsfall kann man sich an den deutlich ausgewiesenen „No smoking"-Schildern orientieren.

Die Mehrheit der Bundesstaaten sowie der District of Columbia haben inzwischen umfassende Anti-Rauch-Gesetze verabschiedet, die praktisch alle öffentlichen Bereiche betreffen, darunter Restaurants, Bars, Hotellobbys und öffentliche Toiletten.

Elektronische Zigaretten

Elektronische Zigaretten unterliegen inzwischen den gleichen Regeln wie Tabakwaren. Diese Regelung umfasst auch das Verkaufsverbot von E-Zigaretten an Personen unter 18 Jahren. Zudem können die Bundesstaaten auch eigene Vorschriften erlassen, vor allem für die Nutzung in geschlossenen Räumen. Generell sollte man immer nachfragen, bevor man derartige Geräte in öffentlichen Einrichtungen nutzt - oder die Nutzung einfach unterlassen.

Drogen

Der Besitz von Betäubungsmitteln oder Drogen ist in den USA gesetzlich verboten. Auch der Konsum und Besitz von Marihuana gilt nach US-Bundesrecht immer noch als Straftat.

Dies sind einige Punkte, die für einen Aufenthalt in den USA wissenswert sind. Natürlich ist es hier nicht möglich, auf alle Eventualitäten und persönlichen Belange / Bedürfnisse jedes einzelnen Reisenden einzugehen.

Für Fragen zu Themen und Informationen, die hier nicht aufgeführt sind, ist es sicherlich ratsam und in der heutigen Zeit auch recht einfach, auf den zahlreichen Internetseiten zu recherchieren, die es zu dem Thema „USA-Reise" gibt, sei es bei Reiseunternehmen, Behörden, etc.

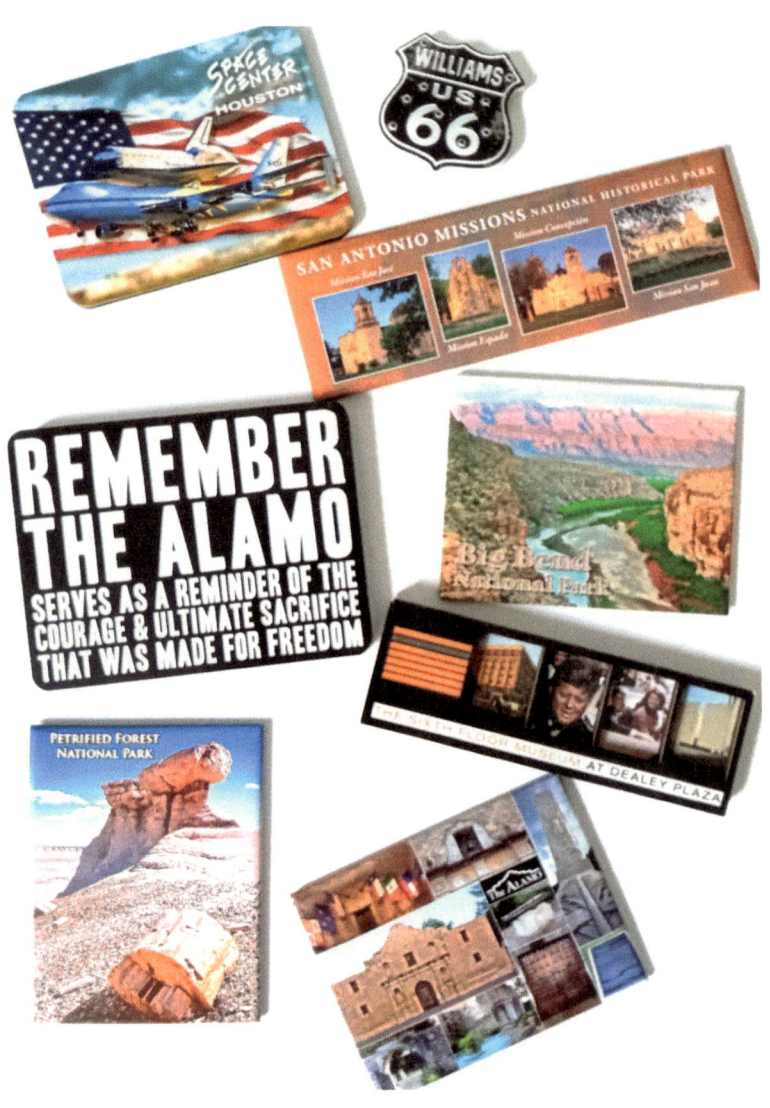

Kühlschrankmagnete - kleine Souvenirs einer schönen Reise.....